Für meine **Herzensbotschafter**
Uli, Fabian, Bea,
meine Eltern und meine Freunde.
Gina

Inhalt

Zu diesem Buch

Den Anstoß zu diesem Buch bekam ich bei einem Besuch der Auer Dult. Das ist ein Jahrmarkt in München mit Trödel, Tand, schönen, alten Karussells und Naschereien. Ich beobachtete gerührt, wie eine junge Mutter ihrem kleinen Sohn ein Lebkuchenherz um den Hals hängte. Darauf stand: „Durch dich wird jeder Tag erst schön."

Ich konnte richtig das Strahlen in den Kinderaugen lesen. Mit Stolz trug der kleine Junge die Herzensbotschaft der Mama durch den Tag. Es war ja eigentlich nur ein kleiner Satz, den die Mutter ihrem Sohn da „ans Herz legte". Und dennoch empfand ich als stille Beobachterin der Szene, wie dieser Satz den kleinen Buben zu etwas Besonderem machte. Der kleine, liebevoll von der Mama ausgewählte Sinnspruch zeigte die tiefe Verbundenheit der beiden: „Du bist etwas ganz Besonderes für mich, du machst mein Leben reicher." Ein Satz, von dem man nur hoffen kann, dass er den kleinen Kerl durchs Leben begleitet.

In dem Moment dachte ich: Welche Botschaften begleiten uns durchs Leben? Viele Sätze, die wir zu hören bekommen, sind ja ebenso schnell vergessen wie dahingesagt. Manche tun schrecklich weh, viele klingen abgedroschen oder banal. Aber was ist mit den Sätzen, an die wir uns immer wieder gern erinnern? Sätze, die wir ein Leben lang mit uns tragen, die wir gar nicht vergessen können?

Von solchen prägenden Einsichten, Lebensweisheiten, ermutigenden und stärkenden Botschaften soll hier die Rede sein. Gehen wir einmal gemeinsam über den „Jahrmarkt der Herzensbotschaften" und schauen uns um …

Regina Rosenkranz

„Durch dich wird

jeder Tag

erst schön. "

Die Schnecke

„Ach, wenn ich früher gewusst hätte, dass du kommst, dann hätte ich schnell noch was Schönes für uns vorbereitet." Man konnte meiner ehemaligen Studienfreundin Ida richtig ansehen, wie unangenehm es ihr war, nicht mit einer großen Kaffeetafel aufwarten zu können.

Aber ich hatte mich bewusst zu dieser spontanen Aktion entschlossen und drückte Ida nach der herzlichen Umarmung die noch schnell am Bahnhof gekauften Nussschnecken in die Hand. „Nein, ich wollte ja gerade nicht, dass du dir Arbeit machst."

Es wurde ein entspannter und fröhlicher Nachmittag. Wir plauderten und tauschten Erinnerungen an viele gemeinsame Erlebnisse aus. Mit einem Blick auf die letzte noch auf dem Teller liegende Nussschnecke meinte ich: „Ich glaube, dass ich heute so entspannt hier bei dir sitze, das verdanken wir Betty und den Schnecken."

„Ja, unsere WG-Genossin Betty", stimmte Ida gleich mit ein. „Ihre Feten waren einfach genial. Damals dachte ich ja, diese Betty, die ist doch wirklich nur verrückt. Die war ja schon damals das genaue Gegenteil von mir. Ich, die große Planerin und Perfektionistin – und Betty? Die hatte einfach die Ruhe weg."

„Erinnerst du dich noch an das Schild, das an ihrer Tür im Studentenwohnheim hing: ‚Wenn du es eilig hast, geh langsam. Dann siehst du mehr.'"

„Einmal dachte ich ja, ich platze", erinnerte ich mich. „Weißt du noch, die eine Sommerfete? Ich war schon vormittags am Rödeln und Telefonieren. Und Betty? Die hat sich doch tatsächlich nachmittags eine geschlagene Stunde ins Bett gelegt, dabei fest geschlafen und war dann am Abend so richtig fit."

„Genau", lächelte Ida. „Das war auch so eine typische Devise von ihr: ‚Durchatmen und eins nach dem anderen erledigen.' Genau so hat sie es auch bei Prüfungen gemacht. Die konnte wirklich alles um sich herum ausblenden und ist dann *in medias res* gegangen. Was die dann für ein klasse Examen hingelegt hat …"

Und ich ergänzte, was Betty damals zu uns gesagt hatte: „Das könnt ihr doch genauso, Mädels. Ihr macht euch viel zu viele Gedanken über alle Eventualitäten! Konzentriert euch einfach aufs Wesentliche. Überlegt euch nicht, was alles schiefgehen könnte, was ihr alles hättet lernen müssen, geht es langsam an, ihr habt Zeit."

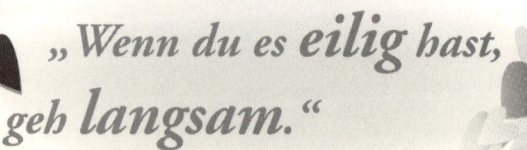

„Wenn du es eilig hast, geh langsam."

„Auch die Schnecke kommt voran", sangen Ida und ich im Chor.

„Das habt ihr gut gemacht, Betty und du", meinte Ida beim

Abschied. „Unser Wiedersehen war echt schön, ganz ohne große Umstände. Aber um es perfekt zu machen, müssen wir fürs nächste Mal Betty ausfindig machen."

„Ja, unbedingt, ich kümmere mich gleich darum", rief ich, schon halb auf der Treppe.

„Aber du hast doch gar keine Zeit!", kam die Stimme von oben zurück.

„Klar doch, dann geh ich einfach langsamer …"

Tolles Spiel

Wir sind zu einer Hochzeitsfeier in einem netten Lokal an der Lahn eingeladen. Es ist ein wunderschöner Tag und alle Gäste, ob groß, ob klein, drängt es nach dem Mittagessen hinaus in den Wirtsgarten. Wir haben zusammen mit ein paar Freunden einen Tisch in der Sonne ergattern können. Die Kinder der Hochzeitsgesellschaft tollen über den Rasen und spielen Fangen. Ihr Spiel wird immer ausgelassener und wilder, so wild, dass einer der kleinen Fänger plötzlich dem Tisch mit der kunstvoll verzierten Hochzeitstorte bedenklich nahe kommt. Aufatmen bei den Umstehenden: Alles noch mal gut gegangen.

Aber einer Mutter wird es jetzt doch zu bunt und sie ruft ihre drei Schützlinge zusammen: „Nee, jetzt schleicht euch, spielt mal was Vernünftigeres und vor allem was Leiseres!" Nur unter Protest verzieht sich die ganze Bande und plötzlich kann man sich wieder wunderbar miteinander unterhalten. Ganze zehn Minuten dauert diese Ruhe.

„Papa, mir ist langweilig, kann ich dein Tablet haben?" Anscheinend hat man einen auserkoren, das so begehrte Spielobjekt des Vaters zu erbetteln.

„Das finde ich aber nicht gut!", mischt sich der Großvater des Jungen ein. „Die sollen was Richtiges spielen! Wann sind schon mal so viele Kinder zusammen? Die könnten ja direkt zwei Fußballmannschaften stellen!"

„Ach, du mit deinem Fußball, Vater. Wenns nach dir gegangen wäre, wär ich Fußballer geworden oder Buchhalter, so wie du. Mit neuer Technologie hast du ja wirklich nichts am Hut, Alterchen." Es folgt ein wohlmeinender Klaps auf die Schulter seines Vaters, dann überreicht er seinem Sohn das ersehnte Computerteil. Der zieht triumphierend ab.

„Doch, doch, Karl hat recht", meint nun auch meine Freundin. „Die Kinder können damit umgehen, schließlich wachsen die mit den elektronischen Medien auf. Das ist heute eine ganz andere Welt als bei euch noch." Wir Jüngeren am Tisch nicken zustimmend, während die älteren Herrschaften um uns herum den Kopf schütteln.

Zumindest die Kinder scheinen einen Konsens gefunden zu haben. Wir können durch die Glastür beobachten, dass eine ganze Gruppe von ihnen sich um einen Tisch im Lokal eingefunden hat, um mit dem Tablet-PC zu spielen. Am Tisch nebenan sitzt eine zweite Gruppe von Mädels und Jungs und hört Musik vom Smartphone. Auch hier zufriedene Gesichter und Einigkeit über den Musikgeschmack.

„Die sind alle so doof und lassen mich nicht mitspielen", kommt da der jüngste Bub tränenüberströmt angelaufen und schlüpft auf den Schoß seiner Mama. Die wischt ihm die Tränen ab, tröstet ihn mit einem Bilderbuch. Aber dann ist es auch wieder gut und der Kleine sucht sich eine neue Betätigung. Ja, die Zeiten haben sich wirklich geändert, denke ich im Stillen. Die Kinder heute spielen einfach anders als wir.

Wir begeben uns wieder nach drinnen. Die Kellner haben schon nach den Getränkewünschen für den Aperitif gefragt. Da erreichen uns ungewöhnliche Wortfetzen vom bisher reibungslos funktionierenden Servicepersonal: „116 Ramazzotti,

211 Weißwein, 68 Cola, 327 Aperol Sprizz? – Wer hat denn das alles bestellt?" Bei sechzig geladenen Hochzeitsgästen kann das einfach nicht stimmen. Der Schankkellner rauft sich die Haare. „Wo steckt denn jetzt wieder der Bonautomat?" Ungläubiges Staunen, auch unter den Festgästen.

Da wird der Übeltäter auf frischer Tat ertappt. Dem kleinsten der Buben haben die so schön bunt blinkenden Tasten des Bongeräts richtig gut gefallen, viel schöner als der Tablet-PC vom Papa, den die großen Jungs ohnehin nicht hergeben wollten.

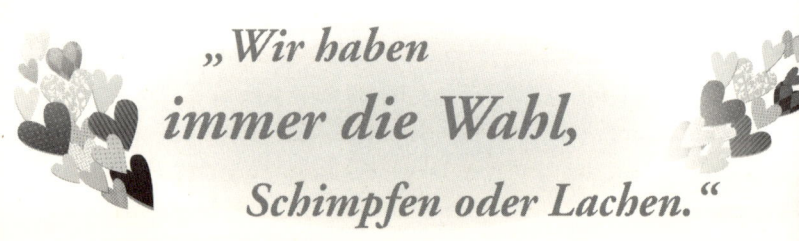

„Wir haben

immer die Wahl,

Schimpfen oder Lachen. "

„Ich wollt doch nur Flipper spielen", jault er auf, als sein Papa ihn unsanft am Arm packt.

„Nein, du schimpfst mir nicht mit dem Buben", mischt sich der Opa beherzt ein. „Wir haben immer die Wahl, Schimpfen oder Lachen. Und überhaupt, alles halb so schlimm. Komm, los geht's!", wendet er sich an seinen Sohn, der eben noch seinen eigenen Junior ordentlich ausschimpfen wollte. „Das Spielchen können wir zu dritt spielen. Ich kenn mich mit der Rückbuchung aus, du mit dem Computerzeug und der Kleine beherrscht anscheinend ganz gut die bunten Tasten. Und ihr anderen könnt schon mal ohne uns aufs Brautpaar anstoßen."

Gras wächst langsam

Eigentlich ist meine Kollegin Babette die Ruhe in Person. Aber seit wir einen neuen Chef bekommen haben, dessen Assistentin sie ist, scheint sogar Babettes Ruhe gefährdet. Waren wir bisher in der Firma mehr oder weniger der Meinung, gute und effektive Arbeit zu leisten, wurden wir nun alle eines Besseren belehrt.

„Jetzt arbeite ich seit fünfzehn Jahren in dem Laden, aber du glaubst es nicht, der steht ständig hinter meinem Computer und schaut mir über die Schulter", stöhnte neulich ein Kollege in der Teeküche. „Ja, oder er ruft dich an, ob es denn nicht ein wenig schneller geht. Dabei hast du dich mal eben gerade nach der Besprechung mit ihm an den Schreibtisch setzen können", kommentierte ein anderer. Die bisher so positive Stimmung in unserem Büro drohte innerhalb von wenigen Wochen zu kippen. Nach zwanzig Jahren hatte die Leitung aus Altersgründen gewechselt. Für den alten Chef hatten wir alle gern gearbeitet, weil er jedem mit dem gleichen Respekt begegnete, egal, welche Stellung er innehatte. Man sagt zwar immer: „Neue Besen kehren gut", aber schon nach dem ersten Monat sehnten sich alle nach dem Vorgänger zurück. Den Neuen nannte man hinter vorgehaltener Hand nur noch „die Firma". Denn schon während der ersten Mitarbeiterbesprechung unterstrich er sein unentbehrliches Know-how und betonte, jeden Arbeitsprozess der Firma binnen kürzester Zeit optimieren zu können.

„Na, da kommen ja rosige Zeiten auf uns zu", murmelte ein Kollege bei diesem Meeting. Am schlimmsten aber traf es Babette, die nun mit Optimierungsvorschlägen und Nachfragen bombardiert wurde. „Ich glaube, der denkt, ich hab kein Privatleben! Jetzt mach ich schon den vierten Tag in Folge Überstunden und kriege von ihm zu hören, von seiner Assistentin könne er ja wohl erwarten, dass sie sich mehr als zehn Stunden am Tag konzentrieren und fehlerfrei arbeiten könne. Und dann diese Ungeduld, dieser Kontrollzwang! Hat der denn nichts anderes zu tun? Sein Vorgänger hat nie was kontrolliert, was ich schon in den Postausgang gelegt hatte, aber der Neue steht hinter mir und schaut auf die Uhr, wie lange ich zum Sortieren der E-Mails brauche. Ich dreh bald durch!"

Arme Babette, ich machte mir wirklich Sorgen um sie. Man traf sie immer seltener beim Mittagessen oder zu einem kleinen Spaziergang danach. „Keine Zeit! ‚Die Firma' macht schon wieder Druck", raunte sie mir im Vorbeigehen zu. Dabei waren es oft völlig unbedeutende Dinge, die er sofort erledigt haben wollte. Oft berief er noch kurz vor Feierabend ein Meeting ein, nur um uns alle noch einmal mit Nachdruck an die Fertigstellung von Arbeiten zu erinnern, die uns bekannt waren.

Kurz vor Weihnachten kam es zum Eklat. Ich sortierte gerade Unterlagen am Aktenschrank in Babettes Büro und bekam dadurch alles hautnah mit. Auf einmal ging die Tür zum Chefzimmer auf und eine wutentbrannte Babette stürmte heraus, gefolgt von einem ebenso wütenden Chef.

„Das ist Arbeitsverweigerung, so ein Theater zu machen", hörte ich ihn schreien.

Babette erwiderte mit erhobener Stimme: „Ich hab Ihnen doch gesagt, Chef, ich mache das morgen. Aber ich bin jetzt seit elf Stunden mit dieser Präsentation beschäftigt … Wenn ich noch länger dransitze, mache ich nur noch Fehler. Morgen können wir in Ruhe drübergehen. Ich krieg das schon hin, das ist ja nicht meine erste! Und glauben Sie mir, ich stamme von einem Bauernhof und da sagt man: „Gras wächst langsam, ob man dabei zuschaut oder nicht …"

Volltreffer! Und ganz schön mutig, dachte ich und drückte mich immer tiefer in den Aktenschrank, um nicht auch noch ins Schussfeld zu geraten. Da war sie wieder, die alte Babette mit ihrer stoischen Ruhe.

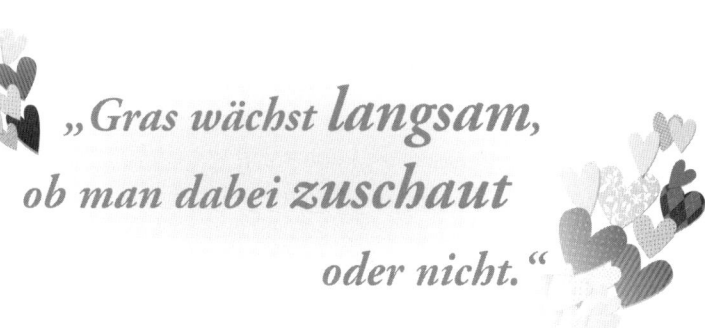

„Gras wächst langsam, ob man dabei zuschaut oder nicht."

„Eine Unverschämtheit, das merk ich mir! Aber ich brauch Sie nicht, gehen Sie nur zum Babysitten. Dann mach ich das eben allein", hörten wir den Chef noch schimpfen, bevor er seine Tür hinter sich zuknallte.

„Auweia, wenn das mal gut geht", sagte ich zu Babette.

„Ja, das hoffe ich auch. Aber ich konnte nicht anders … Ständig schicke ich Stoßgebete nach oben, damit dieser

Mensch endlich mal zur Vernunft kommt. Ich wusste mich jetzt wirklich nicht mehr anders zu wehren. Seit Tagen hab ich meiner Schwester versprochen, die Kinder zu hüten."

„Na, dann hau schon ab, du. Ich halte hier die Stellung, falls er Hilfe braucht", sagte ich aufmunternd zu ihr.

„Ach, du bist wirklich ein Schatz", drückte mich Babette und verschwand. Eine Stunde danach steckte ich noch einmal den Kopf ins Chefzimmer und fragte nach, ob ich noch irgendwas für ihn tun könnte.

„Nein!" Er winkte unwirsch ab. „Ich hab ja gesagt, das ist im Nu erledigt. Und überhaupt bin ich in der Materie viel besser drin. Ein Viertelstündchen brauch ich noch und dann läuft alles wie am Schnürchen. So ein Theater zu machen … wirklich, Ihre Kollegin … nicht belastbar …"

Ich ließ ihn weiterbrummen, räumte den Schreibtisch auf und ging nach Hause.

Als ich am nächsten Morgen um halb acht mit Babette das Büro betrat, kam uns der Chef völlig aufgelöst entgegen. „Gut, dass Sie da sind, mir ist gestern ein Riesenfehler unterlaufen. Ich hab noch so lange an der Präsentation rumgebastelt, wollte nur noch ein paar Kleinigkeiten ändern, aber dann ist mein Computer abgestürzt und ich hatte vorher nicht gespeichert. Als ich heute Morgen die Datei geöffnet habe, war die ganze Präsentation für die Katz."

Fast tat er uns leid, unser Chef, so zerknirscht und aufgeregt, wie er jetzt war. Aber das durften wir ihm natürlich nicht zeigen. Stattdessen meinte Babette großzügig: „Aber das ist doch kein Problem. Wir können ja die Präsentation von meinem PC nehmen. Da ist noch alles so, wie wir gestern verblieben sind, bevor ich zum Bauernhof meiner Schwester musste."

„Ach, bin ich froh, dass Sie gestern so stur waren und mir widersprochen haben. Und – wie war das noch mit dem Gras? Wächst das tatsächlich nicht schneller?", fragte er, schon ein bisschen gefasster.

Babette schaute den Chef nur mit aufgerissenen Augen an. „Ähm", wollte sie gerade beginnen, da fügte er nur mit einem gespielten Seufzer hinzu: „Wie, da haben Sie sich noch nicht drum gekümmert? Ja, muss man denn hier wirklich *alles* selber machen?"

Die Zwergenrolle

Wir waren ganz schön fies damals, meine Freundin Elsa und ich. Inka stieß erst in der dritten Klasse zu uns, ihre Mutter war unsere neue Musiklehrerin. Von Anfang an versuchte sie sich mit uns anzufreunden. Bis dahin war ich die Kleinste in der Klasse gewesen und hatte viele Hänseleien wegen meiner Körpergröße über mich ergehen lassen. Erst als mich die schöne und groß gewachsene Elsa zu ihrer Freundin erkor und ich ihr im Gegenzug die Deutschaufsätze „verfeinerte", hörte der Spott endlich auf.

Für mich begann eine glückliche Zeit in der Schule und an den Nachmittagen, die ich meistens mit Elsa verbrachte. Wir waren uns genug – eine weitere Freundin brauchten wir nicht. Wie sehr Inka auch um unsere Freundschaft warb, wir haben sie vehement von uns gewiesen. Ich vielleicht noch massiver als Elsa, denn Inka war kleinwüchsig und wurde schnell das Opfer von Hänseleien in unserer Klasse. Obendrein war sie Lehrerkind! Ich schäme mich noch heute, dass gerade ich mich nicht vor sie gestellt und ihr die Freundschaft angeboten habe. Aber ich hatte Angst, wieder die ganze Klasse gegen mich zu haben. Schon einmal hatte ich erfahren, wie einsam man als Außenseiterin lebt.

Dadurch hatte Inka von Anfang an keine Chance bei uns. Wenn sie sich meldete, äfften ihr die anderen nach. „Wer spricht denn da? Wir sehen niemanden!" Beim Sport wurde sie immer als Letzte ins Team gerufen. „Die sieht doch eh keiner. Was sollen wir mit dem Zwerg anfangen?" Elsa und ich machten und lachten mit, vielleicht nicht immer, vielleicht nicht bei allen derben Sprüchen, aber das hat es auch nicht besser gemacht.

Inka wurde immer stiller, zog sich mehr und mehr zurück. Zwar versuchte ihre Mutter noch an unsere Einsicht zu appellieren, aber das legten Inka nur alle als Petzen aus. Dabei hätten wir ihr helfen, sie an die Hand nehmen können. Aber es kam ganz anders: Sie nahm *uns* an die Hand.

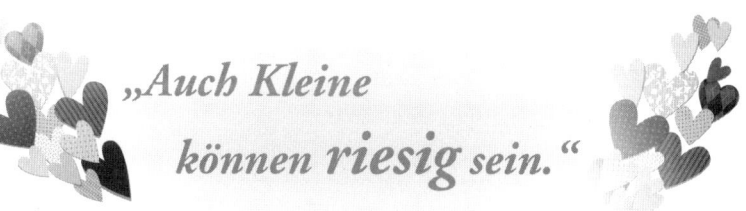

„Auch Kleine

*können **riesig** sein. "*

Am Ende des Schuljahrs sollte die Musikklasse für unser Schuljubiläum ein Singspiel aufführen. In jeder freien Minute wurde über die Rollenvergabe und die Kostüme diskutiert. Für alle stand fest, dass die Rolle der Prinzessin nur von der schönen Elsa besetzt werden könnte. Ich bekam die Rolle der guten Fee (auch nicht schlecht) und durfte mit Elsa im Duett singen. Noch heute weiß ich, dass wir Inka bei der Rollenbesetzung überhaupt nicht in Erwägung zogen, obwohl sie eine sehr schöne Stimme hatte. „Geldverschwendung, die sieht doch keiner … Eine Zwergenrolle haben wir nicht im Stück", lästerten wir.

So kam es, dass Inka hinten im Chor stand, wo sie von den größeren Mitschülern verdeckt wurde. Ich zitterte ein wenig, als Elsa und ich für unser Solo nach vorn traten. Doch was war das? Plötzlich krächzte Elsa kurz, schaute verzweifelt zu mir und brachte keinen Ton mehr heraus. Oh, lieber Gott, hilf uns, schickte ich ein Stoßgebet gen Himmel, das prompt beantwortet wurde. Es gab eine kleine Bewegung im Chor hinter uns, dann legten sich kleine Hände von hinten sacht auf Elsas und meinen Rücken.

„Sing einfach weiter, Gina. Und du, Elsa, beweg die Lippen, ich mach das für dich", raunte Inka uns zu. „Das fällt niemandem auf. Mich sieht ohnehin keiner." Und so kam es, dass das Mädchen, das keiner sah, unsere Aufführung rettete und von unseren Jungs zum Schlussapplaus begeistert auf die Schultern gehoben wurde. „Hey, Kleines, damit alle sehen: Auch Kleine können riesig sein", feierten wir sie in unserer Mitte.

Eine Szene in Paris

Super, ich fahr endlich wieder nach Paris! Seit drei Monaten studiere ich in Lille an der Uni und morgen früh um fünf soll es mit dem Bus in die französische Metropole gehen. Momo, ein marokkanischer Freund aus dem Studentenwohnheim, hat ein günstiges Ticket für mich besorgt und eine Freundin hat mir extra ihre warme winddichte Jacke geliehen, damit ich die Hauptstadt so richtig genießen kann.

In Paris angekommen zieht sich Momo in die Bibliothek des Centre Pompidou zur Recherche für seine Magisterarbeit zurück. Wir verabreden uns für 18 Uhr vor dem Haupteingang des Zentrums. Ich kann's gar nicht erwarten, mich ins Getümmel der Boulevards zu stürzen. Erst mal alle Brücken und Bücherstände an der Seine abklappern, dann weiter zum Eiffelturm.

Dort angekommen knurrt mein Magen gewaltig. In einem der nahe gelegenen Cafés ergattere ich einen windgeschützten Platz. Die warme Jacke ist wirklich eine prima Sache. Kurz was essen und dann weiterbummeln und sich treiben lassen. Ich schaue den Leuten zu, die geschäftig am Café vorbeieilen. Ein Junge verteilt Handzettel, nur Werbung für irgendeine Fast-Food-Kette, denke ich, als ich flüchtig draufschaue.

Der Kellner bringt die Karte. Schauen wir mal, was können wir uns denn überhaupt leisten? Ein Blick in meine Jackentasche genügt, da hab ich ja das Geld für heute reingesteckt. Siedend heiß fällt mir ein: Natürlich hab ich Geld eingesteckt – aber in *meine* Jacke … Und die hängt in meinem Zimmer in Lille. Der Kellner schüttelt ungläubig den Kopf, als ich verlegen etwas von „muss leider dringend weg" murmele und davonstürze.

Da bleibt mein Blick an den Gratisgutscheinen hängen. Schnell stecke ich zwei ein. An der nächsten Straßenecke prüfe ich noch mal alle Taschen, aber ich finde nur 50-Centimes in meiner Jeans. Den Freund kann ich nicht aus dem Lesesaal holen, dafür bräuchte ich einen Ausweis. Und von Handy und Kreditkarte hat man damals noch nicht mal geträumt. Was also tun? War ich eben noch still vergnügt, merke ich jetzt, wie all meine Gedanken nur noch um das Thema „Essen" kreisen. Aber natürlich, ich habe ja die Gutscheine in der Tasche. Genau, hier sind sie. Ich schaue auf die Adresse, das muss ganz in der Nähe sein. Eine junge Frau kommt mir entgegen, die hat eine Tüte von diesem Restaurant in der Hand.

„Hundert Meter weiter, linke Seite", sagt sie schmatzend. Mir läuft schon das Wasser im Mund zusammen. Bis dahin war ich gar nicht so ein Burgerfan, aber jetzt – wo Essen in weite Ferne gerückt ist – scheinen sie mir der Gipfel des Genusses. Ich stelle mich an die Theke und zeige meine zwei Gutscheine vor.

„Okay, und was wollen Sie trinken?", fragt die Bedienung.

„Trinken möchte ich nichts, ich will nur die Burger vom Gutschein haben."

„Also, das geht nicht. Lesen Sie mal: ‚Gültig nur in Verbindung mit einem Getränk.'" Und an ihre Kollegin gerichtet meint sie schulterzuckend: „Es gibt doch immer wieder Leute, die glauben, alles wär gratis."

Ich drehe mich abrupt um, meine Augen füllen sich mit Tränen. Mir ist richtig schlecht vor Hunger und ich habe überhaupt kein Auge mehr für die Reize dieser Stadt. Wie ferngesteuert gehe ich die Straße entlang. Überall sehe ich Menschen, die am Essen sind und zufrieden aussehen. Kurz nach eins ist es jetzt, also liegen noch fünf Stunden bis zu unserem Treffen vor mir. Da kommt mir eine auf den ersten Blick sympathisch wirkende Frau mit schicker Handtasche entgegen. Ich nehme all meinen Mut zusammen und frage verlegen, ob sie mir wohl 2 Francs geben kann.

„Sehe ich Ihrer Meinung nach so aus, als hätte ich was zu verschenken?", ist die kalte Antwort, dann geht sie weiter. Ich bin fassungslos. Mein Magen verkrampft sich, nicht nur vor Hunger.

Eine schwarze Frau mit einem verschlissenen Mantel über dem bodenlangen Kleid hat die Szene verfolgt. Sie greift in ihre Tasche und drückt mir 3 Francs in die Hand. Für sie ist das bestimmt eine Menge Geld. „Hier, Mademoiselle, für Sie."

*„Nur ein **kleines Wort** für den Nächsten."*

Ich halte das Geld in der Hand und stammele: „Aber das kann ich nicht annehmen ... Wie soll ich Ihnen nur danken?"

Sie antwortet: „Juste un petit mot pour le prochain", und

verschwindet in der Menge. „Nur ein kleines Wort für den Nächsten" – so einfach ist das.

Als ich Momo abends von meinen Erlebnissen berichte, natürlich erst, nachdem ich mir den Bauch vollgeschlagen habe, lächelt er und sagt: „Das Schöne an der Geschichte für mich ist, dass dir – dem Mädchen vom reich gedeckten Tisch Europa – Menschen vom ärmsten Kontinent der Welt den Hunger gestillt haben. Und dafür haben sie nichts verlangt … nur ein gutes Wort für den Nächsten."

Fallen

Mein Verhältnis zu Eis und Schnee ist mehr als ambivalent. Natürlich reizt mich ein schöner eisiger Wintertag mit seinen herrlich klaren Farben. Und auch mein Geburtstag liegt im Winter. Schon damals, so erzählt meine Mutti immer schmunzelnd, habe sich der Krankenwagen, der uns beide nach meiner Geburt nach Hause bringen sollte, auf eisglatter Fahrbahn gedreht und sei dann noch ein Stück rückwärts weitergerutscht, bevor er zum Stehen kam.

Richtig gelaufen bin ich auch erst spät. Vielleicht war ich ängstlich, weil ich in der Lauflernphase einmal schlimm gestürzt bin. Da schien es mir wohl ratsam, wieder eine Etage tiefer zu gehen und mich krabbelnd fortzubewegen. Auch im Schulsport war die Angst immer mit dabei. Schade, ich hätte Judo oder einen anderen Sport erlernen können, in dem man lernt, wie man richtig fällt. So ging ich zwar gern zum Schlittschuhlaufen, aber als ich mir kurz vorm Abi dabei das Handgelenk brach, war's auch damit vorbei. Nach jedem neuen Sturz wurde ich noch vorsichtiger, ängstlicher, kaufte mir Spikes und Schuhe mit super Profil und fürchtete mich vor Eis und Schnee.

Seit ich in München lebe, wurde die Angst vor Stürzen nicht weniger. Bei Bergtouren schaute ich lieber auf den Boden, um Stolperfallen zu entdecken, statt in die schöne Landschaft um mich herum. Mein Mann versicherte mir zwar: „Du brauchst keine Angst haben. Geh einfach ganz normal und unverkrampft – und wenn du merkst, du rutschst, dann lass dich fallen!" Dann dachte ich nur: Ja, der hat gut reden. Wie geht man denn, bitte schön, *normal?* Ich muss eine schwierige Begleiterin für ihn gewesen sein. Irgendwie steigerte ich mich in diese Panik richtig hinein. Es schien fast so, als würde ich auf den großen Sturz warten, nur um meine „Fallstudien" bestätigt zu wissen. Na, und der ließ auch nicht lange auf sich warten.

„Es sind die Stürze, aus denen wir lernen."

Es war vor vielen Jahren im österreichischen Maria Alm. In München hatte ich gerade die Quasi-Zusage für einen Job als Pressereferentin einer Firma bekommen. Das musste gefeiert werden! Wir machten Langlauf (Abfahrtski war mir viel zu gefährlich), aber die Loipen vereisten gegen Nachmittag immer stärker.

„Lass uns doch zu der Hütte da oben gehen und ein Speckbrot essen", schlug ich meinem Mann vor, nachdem wir die Skier sicher im Auto verstaut hatten.

„Gute Idee", fand er, „aber bevor wir in die Hütte gehen, fahren wir nur einmal den Hang da mit dem Schlitten runter. Nachher ist es dafür zu dunkel und wir sehen nichts mehr."

Gesagt, getan – was soll einem beim Schlittenfahren schon passieren? Wir sausten zu zweit auf dem Holzschlitten den

Hügel hinunter, lachten Tränen und übersahen eine von den Kindern gebaute Sprungschanze. Ich saß vorne, mein Mann lenkte hinten, aber dummerweise verhakte sich mein linker Fuß bei der Fahrt. Und so kam es, dass wir beide noch auf dem Schlitten saßen, als der mit voller Wucht auf mein unter die Kufe gerutschtes Bein knallte.

„Das Speckbrot hab ich nicht mehr bekommen", sagte ich Jutta, der Nachtschwester im Krankenhaus, in dem ich mit Trümmerfraktur des Schienbeins lag. Jutta wurde in den kommenden Tagen zu meiner Gesprächspartnerin, denn in der Nacht waren die Schmerzen am schlimmsten. Ich lag in einer kleinen Privatklinik am Ort, wo der Arzt kunstvoll die vielen Einzelteile meines Knochens wieder zusammengesetzt hatte. Nach drei Tagen fuhr mein Mann zurück nach München, um den Transport in ein dortiges Krankenhaus zu organisieren.

„Nächste Hiobsbotschaft", erzählte ich Schwester Jutta in der vierten Nacht. „Den tollen neuen Job bin ich auch schon wieder los. Es war ja nur eine mündliche Zusage. Und als ich denen sagen musste, dass ich mindestens zwölf Wochen Gips brauche, fanden sie eine andere Bewerberin doch geeigneter." Irgendwann habe ich Jutta von meinen ganzen Ängsten vor dem Fallen erzählt und dass ich mir gar nichts mehr zutrauen würde. Und ich beichtete ihr, dass ich jetzt zwar meinen Mann vermisste, allerdings würde ich insgeheim ihm die Schuld an meiner misslichen Lage geben. „Ich wollte wirklich nur ein Speckbrot, ich wusste doch, dass wieder was passieren würde", schluchzte ich. „Und dann bin ich manchmal ganz eklig zu ihm."

„Endlich hast du es ausgespuckt, Mädel", sagte Jutta, die längst zum vertrauten Du übergegangen war. „Weißt du, dein Mann macht das richtig. Wenn er sich jetzt neben dich setzen und dich bedauern würde, täte er dir keinen Gefallen. Er kann dir weder das Laufen noch das Fallen abnehmen. Nimm dich nicht mehr und mehr zurück aus Angst, du könntest auf die Nase fallen. Es sind die Stürze, aus denen wir lernen. Hab keine Angst vorm Leben, nur weil du hin und wieder fällst. Das Leben ist ein Abenteuer und vieles muss man ausprobieren, um zu sehen, ob man dort gehen kann. Manchmal muss man sich aufs Glatteis wagen, manchmal muss man rückwärtsgehen, um vorwärtszukommen."

Ich hab jeden Satz dieser Krankenschwester wie einen Schatz in mir bewahrt. Das schützt mich nicht vor Stürzen und Brüchen – wohl aber davor, anderen dafür die Schuld zu geben und nicht mehr am Leben teilzunehmen. Aus den zwölf Wochen Gips sind durch eine Fehlbehandlung sogar sechs Monate geworden.

Als ich im Winter darauf zum ersten Mal über Glatteis ging, fiel ich prompt wieder hin. Diesmal holte ich mir „nur" kleine Brüche in beiden Ellbogen. Aber wie Sie sehen, habe ich alle meine Stürze überlebt und mit der Zeit sind sie seltener geworden. Den Job hab ich damals nicht gekriegt, aber einen anderen, der mir Zeit zum Schreiben lässt und um neue Dinge auszuprobieren. Nur „Hals- und Beinbruch" kommt mir nicht so leicht über die Lippen.

Nur ein Moment

Ich sitze mit Irmi, einer lieben Freundin, auf eine Tasse Kaffee bei ihr im Garten. Die Vögel streiten um die besten Sonnenplätze und ich schaue ihrem Spiel interessiert zu. Was für ein schöner Moment, denke ich so für mich, während Irmi auf mich heute sehr nachdenklich wirkt. Ich schiebe es auf ihr großes Arbeitspensum, bis ich ihre Geschichte höre.

Erst vor ein paar Tagen ist sie von einer Geschäftsreise durch Südeuropa zurückgekommen. Sie arbeitet seit Jahren für eine mittelständische Modefirma und ist immer auf der Suche nach den neuesten Trends. Das Highlight dieser Reise sollte für sie und ihre beiden engsten Mitarbeiter ein Treffen mit einem renommierten Modemacher in Rom werden. Auf dieses Treffen hin hatten sie ihre ganzen Planungen angelegt und sich intensiv vorbereitet. Wenn dieses Treffen und die anschließenden Vertragsgespräche gut verlaufen würden, so Irmi, dann konnte nichts mehr schiefgehen und sie waren am Ziel.

Ihre beiden mitgereisten Kollegen Hanna und Frank, auch privat ein Paar, dachten das Gleiche. Mittlerweile waren sie gute Freunde von Irmi. Die drei hatten den Termin zusammen geplant, gönnten sich schon seit Wochen nur wenig Ruhe und kaum noch Freizeit. Und jetzt war er da, der große Tag. Alles war bestens vorbereitet.

„Da konnte nichts schiefgehen, hab ich noch vor mich hin sinniert", erzählt mir Irmi und vor meinen Augen entstehen die Bilder: „Früher als verabredet saßen wir schon in dem Straßencafé an der geschäftigen Piazza, das Wasser im nahe gelegenen Brunnen plätscherte und über den Platz sausten um diese frühe Vormittagsstunde noch einige Lieferwagen, um rechtzeitig ihre Waren zu den umliegenden Läden und Bars zu bringen. ‚Ihr werdet sehen, all die Schufterei der vergangenen Jahre wird jetzt belohnt werden. Auf eine wunderbare und erfolgreiche Zukunft!' Wir stießen lachend schon mal mit unseren Kaffeetassen an, in der Hoffnung, dies nach Abschluss des Vertrags heute mit Champagner wiederholen zu können. Auch bei Hanna und Frank herrschte pure Unbeschwertheit. Immer wieder steckten sie ihre Köpfe zusammen, machten kleine Scherze und große Pläne. ‚Wenn wir das hier erst mal hinter uns haben, dann machen wir so richtig Urlaub, nicht immer nur Arbeitsurlaub wie bisher. Man muss doch auch mal ausspannen und Zeit füreinander haben, nicht immer nur an Arbeit denken.'

Ich pflichtete Frank bei und musste gerade an all die Menschen denken, die ich leider in der letzten Zeit viel zu oft auf später vertröstet hatte.

‚Schaut mal, da drüben, das muss doch Herr Benolli sein', rief Hanna aufgeregt. Auch Frank und ich hatten den gut aussehenden, grau melierten Herrn auf der anderen Straßenseite entdeckt, der sich suchend an den vielen Cafétischchen auf der Piazza nach uns umschaute. ‚Wisst ihr was, ich hol ihn zu uns', meinte Hanna fröhlich, drehte sich auf dem Absatz um und lief direkt in einen heranfahrenden Kleintransporter hinein. Sie erlag noch an der Unfallstelle in Franks Armen ihren schweren Verletzungen.

Auch Signore Benolli hatte den furchtbaren Unfall mit angesehen und stand fassungslos an der Unglücksstelle. Der Lkw-Fahrer war wie wir unter Schock, er wiederholte nur immer wieder: ‚Ich hab sie nicht kommen sehen, wirklich, sie war plötzlich da, es war nur ein Moment.'

„*Jeder Moment Leben ist ein Geschenk.*"

Komisch, Regina, es war wirklich nur ein Moment. Und weißt du, so was passiert ja auch immer mal wieder, dass jemand in ein Auto rennt und nichts passiert. Nur das Bild lässt mich einfach nicht los. Seit ich das miterlebt habe, muss ich immer an den Satz des Unfallfahrers denken. Er konnte wirklich nichts dafür, es ging alles so schnell. Und auch Hanna ist einfach losgelaufen wie ein Fohlen, aus heiterem Himmel. Aus Vorfreude, aus Anspannung, um einfach irgendetwas zu tun, vielleicht. Ich weiß es nicht und wir werden es auch nicht mehr von ihr erfahren. Es war einfach ein Unglück.

Aber eins ist mir dabei so bewusst geworden: wie unendlich klein und kostbar zugleich ein Moment ist! Und dass jeder Moment Leben ein Geschenk ist, das wir dankbar entgegennehmen und nicht unnütz verstreichen lassen sollten. Du glaubst nicht, wie oft ich unzufrieden war, alles ändern und alles neu machen wollte. Und plötzlich merke ich: Eigentlich möchte ich, dass alles so bleibt, wie es war. Wie früher im Kino: den Film noch mal zurückspulen können und dann die Szene noch mal sehen. Diesen einen Moment zurückholen, da, wo wir so glücklich waren, wo ich mit Hanna und Frank auf der Piazza saß, inmitten des prallen Lebens."

Jeder Moment Leben ist ein Geschenk. Beim Schreiben habe ich hin und her überlegt: Kann ich meinen Lesern diesen Schluss wirklich zumuten? Sollte ich die Szene nicht noch mal neu schreiben? Ein glücklicheres Ende finden? Ich hätte Hanna zum Beispiel High Heels verpassen können, mit denen sie auf dem Weg zu Herrn Benolli auf dem unebenen Pflaster hängen bleibt und sich *nur* den Absatz abreißt. Solche Zufälle im Leben passieren ja laufend. Alle hätten gelacht und weiter feiern und leben können. Dass aber jeder Moment Leben ein Geschenk ist, dass man viele Dinge eben nicht auf morgen verschieben kann, sondern heute leben muss, erfährt man manchmal erst, wenn der Film reißt.

Den Mond einfangen

„Ja, kann das denn wahr sein?", schimpfte ich. „Jetzt stehen wir schon wieder im Stau, kaum dass wir mal fünfzig Kilometer fahren konnten." Mittlerweile lagen meine Nerven blank. Wir befanden uns auf der Rückfahrt von Berlin nach München. Ein kalter Novembertag. Wir hatten – wie wahrscheinlich viele andere Autofahrer – das lange Wochenende um Allerheiligen nutzen wollen, um endlich mal wieder unsere Freunde in Berlin zu besuchen.

Ein schönes Wiedersehen war das nach fast drei Jahren Pause gewesen. Leider war die Zeit viel zu kurz. Und so kam es, dass wir uns erst spät von Berlin auf den Rückweg machten. Jetzt standen wir inmitten all der anderen ebenso genervten Autofahrer. Selbst bei normaler Verkehrsdichte brauchten wir ab hier noch mindestens zweieinhalb Stunden … Doch schon wieder kam im Radio die nächste Staumeldung für unsere Strecke. Hinten auf der Rückbank quengelte unser damals fünfjähriger Sohn. Längst waren alle Essensvorräte aufgebraucht, alle mitgenommenen Bücher durchgeschaut, alle CDs gehört.

„Spielt doch noch mal ‚Ich sehe was, was du nicht siehst'", meinte mein Mann hinter dem Lenkrad. Was als Aufmunterung gedacht war, ging bei dem strafenden Blick, den ich ihm vom Beifahrersitz zuwarf, sofort unter. „Ist ja schon gut", meinte er entschuldigend. „Ich kann ja auch nichts dafür, dass es nicht vorwärtsgeht."

„Ich bin sooo müde", kam es dann noch von der Rückbank, „und ich kann hier im Auto überhaupt nicht schlafen",
meinte eben jenes Kind, dem sonst nach genau drei Minuten
schaukelnder Bewegung im Auto schon die Augen zufielen.
Die Stimmung war gereizt und irgendwann hing jeder nur
noch seinen Gedanken nach. Ich schaute in die anderen Fahrzeuge und blickte in fremde, mürrische Gesichter. Überall die
gleiche miese Laune.

> „Es gibt
> **immer ein Licht,**
> *auch wenn wir es nicht sehen.*"

„Wenigstens der Mond leuchtet hell und macht ein fröhliches
Gesicht", sagte ich mit einem Blick in den Abendhimmel,
vergaß aber gleich den Vollmond schon wieder beim Gedanken an die Termine morgen im Büro. Mein Mann schien
ähnlichen Gedanken nachzuhängen. Sogar von hinten kam
kein Laut mehr. Florian schien endlich eingenickt zu sein und
auch ich döste ein wenig vor mich hin.

„Endlich, es geht weiter!" Der begeisterte Ausruf meines
Mannes ließ mich aufwachen und mein Blick ging zunächst
auf die Fahrzeuge vor und neben uns, blieb dann aber bei
unserem Sohn hängen, der sich gerade intensiv mit etwas am
Seitenfenster beschäftigte.

„Was machst du denn da, Liebling", fragte ich ihn.

„Nichts, ich kleb nur mit Gummibärlis ein Gefängnis für den Mond", erwiderte der kleine Mann von hinten.

„Aber warum willst du denn den Mond einsperren?", fragte ich erstaunt.

„Ich will ihn mitnehmen, Mama", erklärte er mir geduldig. „Dann wissen wir, wo er scheint, auch wenn wir ihn nicht sehen."

Ich liebe diese kleine Geschichte von Florians „Mondgefängnis". Und selbst wenn ich das von ihm dafür benutzte „Klebematerial" nicht gerade appetitlich fand, die „Spuren" an der Scheibe hab ich nicht weggewischt und als Erinnerung gelassen. Und wenn ich die hellen Tage vermisse, wenn alles grau in grau am Himmel ist, dann tröstet mich oft der Gedanke: Es gibt immer ein Licht, auch wenn wir es nicht sehen. Bestimmt fängt irgendwo auf der Welt ein anderes Kind den Mond ein, damit er auch dort an trüben Tagen leuchtet.

Wunderwerke

An einem schönen Vorfrühlingstag genoss ich auf einer Park-
bank die ersten warmen Sonnenstrahlen. Kurze Zeit später
setzte sich eine junge Mutter mit Kinderwagen neben mich.
Sie stellte den Kinderwagen so, dass ihr Baby in unsere Richtung schaute, und kramte dann hektisch in der Tasche, bis sie
erleichtert ihr Smartphone hervorholte.

Ich blinzelte noch ein wenig in die Sonne, wurde dann aber
von der Kleinen im Kinderwagen angezogen. „Sie haben ja
ein herziges Kind", sagte ich zu der Mutter. Sie schien jedoch
die kleinen Freudenjauchzer, mit denen ihr Töchterchen ihre
Aufmerksamkeit zu erwecken versuchte, gar nicht zu bemer-
ken. Immer wieder krähte die Kleine vor sich hin, als wollte sie der Mama etwas erzählen. Aber die war so vertieft in
ihr technisches Wunderwerk, dass sie das kleine menschliche
Wunderwerk nicht beachtete.

„Entschuldigen Sie, es geht mich ja nichts an", entfuhr es
mir, „aber machen Sie bitte nicht den gleichen Fehler, der mir
bei meinem Kind damals passiert ist."

Die junge Frau fuhr ein wenig ungehalten zu mir herum:
„Und welchen Fehler soll ich Ihrer Meinung nach denn gerade begehen?"

„Sie verpassen gerade einen Moment, der nie wieder zu-
rückkommt … Ihr Kind lächelt Sie an und Sie sind mit Arbeit beschäftigt."

Ich merkte, wie die junge Mutter kurz mit der Fassung

rang, und entschuldigte mich umgehend: „Nein, tut mir leid. Das war jetzt sehr direkt von mir. Aber ich sehe in letzter Zeit so viele Menschen, die nur hinter ihren tollen Telefonen hängen und gar nicht mehr miteinander kommunizieren und nur noch oberflächlich anwesend sind. Ihre Kleine ist so wonnig. Ich finde es schade, wie wenig wir den Augenblick genießen. So ein Lächeln …

„Ja, stimmt, ich hab eben gerade gedacht, was ist das denn für eine Oberlehrerin … und war richtig sauer auf Sie", unterbrach mich die junge Frau. „Aber jetzt bin ich doch auch neugierig geworden. Wieso den gleichen Fehler wie Sie? Auch zu viel telefoniert?"

Ich schmunzelte über den kleinen Seitenhieb auf den Altersunterschied zwischen uns. Aber zumindest hatte ich jetzt ihre Aufmerksamkeit für das, was mich bewegte.

„Nein", sagte ich, „in meiner grauen Vorzeit hatten Telefone noch eine Schnur. Aber als junge Mama wollte ich in allem perfekt sein. Ich war die ersten drei Jahre zu Hause mit meinem Söhnchen, erst mit dreieinhalb bekam er einen Kindergartenplatz. Während der Erziehungszeit habe ich ein wenig von zu Hause aus gearbeitet, um den Anschluss nicht zu verpassen. Aber Sie kennen es ja selbst, mit einem Kleinkind muss man einfach die Ansprüche an Perfektion herunterschrauben, sonst dreht man durch. Das ist mir erst klar geworden, als meine Eltern mal wieder zu Besuch kamen und ich so erschöpft war von den Vorbereitungen, dass ich irgendwann heulend vor ihnen zusammenbrach.

Meine Mutter nahm mich in den Arm. ‚Aber Kind, du musst doch keinen Kuchen backen, wenn wir kommen. Und die Wäsche und die Fenster hätten auch noch warten können. Es regnet sowieso bald wieder.' – ‚Ja, aber du hast das doch auch immer alles geschafft', widersprach ich. ‚Sogar mit zwei Kindern und dem großen Garten.' – Sie schüttelte den Kopf. ‚Ich hatte auch viel Hilfe um mich herum. Du bist alleine in München, versuchst den Anschluss an deinen Job zu halten, dein Mann arbeitet lange und ist oft auf Dienstreisen. Natürlich hilft er dir, wo er kann. Aber niemand erwartet von dir, dass alles perfekt ist. Alles zu seiner Zeit. Kannst du alles später wieder machen. Jetzt genieß doch einfach diese herrlich chaotische Zeit mit deinem Wonneproppen, die viel zu schnell vorbeigeht. Schlaf dich aus, wenn der Kleine schläft, lächle mit ihm, wenn er lacht. Später wird sich dein Kind nicht an die vielen Male erinnern, wo du Fenster geputzt und den Boden gewischt hast, sondern daran, wie oft du mit ihm gespielt und gelacht hast.'"

*„Die **Arbeit** läuft dir nicht davon, wenn du deinem Kind den **Regenbogen** zeigst, aber der Regenbogen wartet nicht."*

„Ja, und diese Kopfwäsche meiner Mutter damals hat mir so gut getan, dass ich das jetzt an Sie weiterreiche. Tut mir leid, wenn es sich nach erhobenem Zeigefinger angehört hat", redete ich weiter. „Und natürlich waren das andere Zeiten. Aber Kinder merken ganz schnell, ob wir bei der Sache sind oder nicht ... Nee, jetzt ist Schluss, bei Ihnen ist Reden ja zwecklos, sie hängen ja schon wieder über dem Handy!" Empört stand ich auf.

„Nein, warten Sie", meinte die junge Frau und tätschelte mit einer Hand den Kopf der Kleinen. „Ich hab doch nur für uns einen Satz gesucht, den ich kürzlich gelesen habe. Der passt wunderbar zu dem, was Sie mir da erzählt haben. Ach genau, da ist er: ‚Die Arbeit läuft dir nicht davon, wenn du deinem Kind den Regenbogen zeigst, aber der Regenbogen wartet nicht, bis du mit der Arbeit fertig bist.'"

„Wow, Sie haben ja wirklich zugehört. Den Satz mit dem Regenbogen muss ich mir aber gleich aufschreiben." Schon kramte ich in meiner Tasche nach einem Stift und Papier.

Da sagte die junge Frau: „Sie haben doch sicher eine Mailadresse?"

„Na klar, so ein Fossil bin ich ja auch wieder nicht", versuchte ich entrüstet zu klingen.

„Gut, dann schicke ich Ihnen die kleine Weisheit übers Handy. Und dann können wir auch gleich ein neues Treffen ausmachen. Was halten Sie davon?"

„O ja, gerne", meinte ich. „Die Arbeit läuft uns ja nicht davon. Und dann suchen wir drei den Regenbogen."

Wie zur Antwort schenkte uns die Kleine im Kinderwagen ein himmlisches Lächeln.

Der Märchenprinz

Ich bin ein leidenschaftlicher Tatort-Fan. Sonntagabends, 20.15 Uhr, ist meine Zeit im „Ersten". Ansonsten gibt es für mich besseren Zeitvertreib als Fernsehen. Am letzten Sonntag kam überraschend kurz nach acht eine gute Freundin bei uns vorbei. Ich hatte es mir gerade auf der Couch gemütlich gemacht. „Nein", hörte ich meinen Mann an der Haustür sagen, „du störst Gina bestimmt nicht. Die schaut bloß Fernsehen." Na warte, dachte ich noch, bis du „bloß" die nächste Sportschau siehst. Aber dann sah ich Brigittes trauriges Gesicht, als sie ins Wohnzimmer stürmte.

„Mensch, Gitte, was ist denn los", fragte ich und hatte schon die Fernbedienung in der Hand, um auszuschalten.

„Ach, Gina, ich hab das Gefühl, ich verlieb mich immer in den Falschen! Was mach ich nur verkehrt?", fiel mir die Freundin schluchzend um den Hals. „Ja, aber du hast mir doch erst letzten Monat erzählt, dass du mit Robert so glücklich bist."

„Ich schon, aber er kommt aus einem so reichen Elternhaus, dass seine Eltern ihm wohl von einer Beziehung mit mir abgeraten haben. Ihr Sohn verdiene etwas Besseres als mich, meinten sie. Ach, vielleicht haben sie ja sogar recht. Wer bin ich denn schon?"

„Mensch, Gitte, sag doch so was nicht! Du bist so ein wunderbarer Mensch, mach dich doch nicht so klein! Komm, ich mach uns einen Tee und dann reden wir beide. Den Tatort kann ich mir ja ein anderes Mal angucken."

„Mei, ich hab gar nicht auf die Uhr geschaut", entgegnete Gitte schuldbewusst. „Nein, das kommt nicht infrage! Wenn ich schon einfach so bei dir reinschneie, dann schauen wir den Film gemeinsam und reden nachher weiter. Ich will nur gerade nicht mit meinem Kummer alleine sein."

Wir setzten uns auf die Couch. Als hätte sie sich mit Gitte verabredet, hatte auch Franzi, die Assistentin im Kölner Tatort-Team, Liebeskummer. Als ihr Kollege sie nach ihrem Märchenprinzen fragte, sagte sie mit tränenerstickter Stimme: „Ich finde immer nur Prinzen, die sich als Frösche entpuppen."

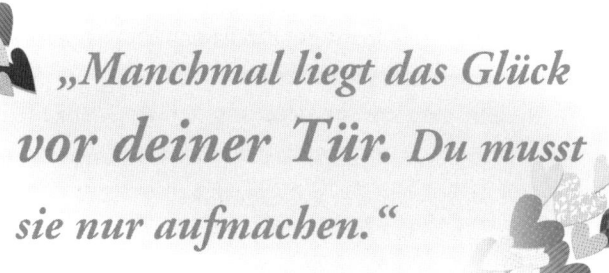

„Manchmal liegt das Glück vor deiner Tür. Du musst sie nur aufmachen."

„Hey, das gibt's doch nicht, das ist ja mein Thema", rief Gitte erstaunt. Doch noch bevor sie weiterreden konnte, entgegnete der Kommissar auf dem Bildschirm: „Und wie wär's, wenn du statt den Prinzen mal den Frosch suchst?"

Gitte und ich schauten uns an. Uns beiden war nicht mehr nach Weiterschauen zumute. Uns war, als hätten wir den entscheidenden Satz des Films aus diesem Sonntagskrimi herausgezogen. Die eigentliche Krimihandlung wurde zur Nebensache. Total baff schaltete ich zum ersten Mal einen „Tatort" ab. Noch heute frage ich mich, ob uns diese Handlung statt der Kripo Köln nicht ein himmlischer Ermittler ins Haus gesendet hat.

Ganz lange haben wir an diesem Sonntagabend noch über diesen guten Rat des Kripobeamten geredet. Nicht nur Gitte, sondern wir alle streben doch so oft nach dem Besonderen, dem Außergewöhnlichen. Wir suchen den Märchenprinzen oder die Prinzessin und übersehen das Gute im Mitmenschen, der vor uns steht und dessen Potenzial nur noch entdeckt werden muss. „Manchmal liegt das Glück vor deiner Tür. Du musst sie nur aufmachen." Das habe ich in Gittes Gästebuch geschrieben, als ich vor Kurzem noch einen „Tatort-Krimi" verpasst habe. Und das aus gutem Grund: Ich war Trauzeugin bei Gitte und Frank, die unbedingt an einem Sonntag heiraten wollten, weil das ihr Glückstag sei. Ja, diesmal hat sie den Frosch geküsst und hinter seiner Fassade einen wunderbaren und zuverlässigen Nichtprinzen entdeckt. Aber Prinzen gibt es doch sowieso nur im Märchen.

Wohin geht die Reise?

„Ach, übrigens, ich komm nächste Woche nicht zum Sport, ich fahr in Urlaub", rief ich unserer Sportlehrerin fröhlich zu, bevor ich mit den anderen Richtung Umkleide ging.

„Wohin geht's denn?", meinte eine Sportkollegin.

„Ich fahr nach Südtirol, wir feiern unsere Silberhochzeit."

„Schön, gratuliere!", meinte sie.

„Wahnsinn! Fünfundzwanzig Jahre, immer mit demselben Mann zusammen … wie sterbenslangweilig!", stöhnte eine andere demonstrativ. „Das wär nichts für mich. Ich geh jetzt noch zum Tangotanzen, da sind immer ganz aufregende Typen dabei. Viel Spaß dann in deinen Flitterwochen …" Sie grinste mich an, drehte sich schwungvoll um und verschwand.

Dumme Kuh, geh du nur zu deinem Tango, schoss es mir durch den Kopf, als ich zum Fahrradständer ging. Ich tanze auch sehr gern und wenn man mich als junges Mädchen gefragt hätte, wie mein Traummann sein sollte, hätte ich bestimmt gesagt, dass er auf jeden Fall ein guter Tänzer sein müsste. Bei dem Gedanken musste ich lachen, denn der Mann an meiner Seite ist alles andere, nur kein Tänzer. Und die wenigen Male, wo wir zusammen das Tanzbein geschwungen hatten, waren nicht gerade von Erfolg gekrönt, da half auch kein gemeinsamer Tanzkurs. Wir bewegten uns höchstens in der Kategorie „Skigymnastik" miteinander. Trotzdem – auf den Gedanken, allein einen Tanzkurs zu machen, bin ich nie gekommen. Ich tanze entweder gern mal allein oder auch mit

Freunden – und denke mir, es gibt Schlimmeres als diese fehlende Gemeinsamkeit.

Wir beide sind gern gemeinsam unterwegs und lieben das Reisen. Eine unserer Urlaubsreisen führte uns mal aufs Geratewohl Richtung Bordeaux. Ich war damals nach einem komplizierten Beinbruch noch auf Gehhilfen angewiesen und wir wussten nicht, dass wir mitten in die Austernwoche in der Bucht von Arcachon hineinplatzten. So ein Pech, schlichtweg jedes Zimmer war schon belegt und die Campingplätze überfüllt.

„Was sollen wir denn bloß machen", jammerte ich vor mich hin. Mittlerweile tat mir das Bein von der langen Reise ziemlich weh. Außerdem hatte ich einen Riesenkohldampf und da – das weiß auch mein Mann – kann ich unausstehlich werden.

„Komm, nicht jammern, wir kriegen das schon hin. Da drüben ist 'ne Metzgerei, da kaufen wir jetzt was Leckeres ein!", beruhigte er mich.

Und so geschah es. Kurz vor Ladenschluss humpelte ich in den Laden. Die Metzgersfrau hatte sofort Mitleid mit uns, holte die letzten, schon eingelegten Steaks aus dem Kühlhaus und gab uns noch Baguette und einen Salat von ihrem Abendbrottisch mit.

„Bringen Sie mir das Geschirr morgen vorbei und sagen Sie mir, wie's geschmeckt hat", war ihr Kommentar. Inzwischen hatte mein Mann noch in einer kleinen Bar eine Flasche Wein besorgt, packte mich und die Einkäufe wieder ins Auto, um uns kurze Zeit später an einem schönen Plätzchen am Meer wieder „auszupacken".

Ich ließ mich mit einem „Ach, ich bin dir gar keine Hilfe!"
ächzend auf einem Baumstumpf nieder.

„Jetzt hör schon auf zu klagen! Ohne dich wär ich in der
Metzgerei verloren gewesen. Schau dir doch einfach mal den
tollen Sternenhimmel an." Und dann zauberte der Mann, der
nicht tanzen kann, in wenigen Augenblicken einen kleinen
Grill und die Rückbank aus dem Auto hervor. Bald prasselte
ein Feuerchen und die Steaks brutzelten auf dem Rost. Wir
ließen uns den Salat und das Brot von Madame Metzgerin
schmecken. Dann lagen wir auf dem gemütlichen Sitz, schauten in die Sterne und dachten nicht mehr an den nächsten
Tag. Hier, Seite an Seite mit dem Mann, dessen Liebe in mein
Herz gefallen war, war es plötzlich ganz egal, wohin die Reise
ging, Hauptsache mit ihm gemeinsam.

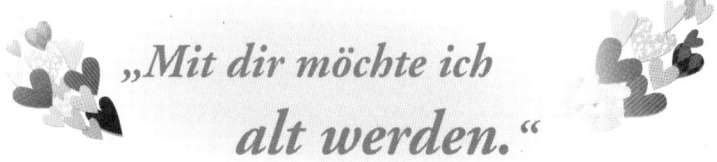

„Mit dir möchte ich alt werden."

Lächelnd schaute ich zu ihm hinüber und dachte so bei mir:
Ja, es ist wahr, mein lieber Mann: Ich kann nicht mit dir tanzen und du holst mir auch nicht die Sterne vom Himmel,
aber du schaffst mir Wege und Räume, sie zu sehen und ihnen
zu begegnen. Und darum weiß ich: Mit dir möchte ich alt
werden.

Einfacher Rat

Vor Kurzem war ich in einer Arztpraxis, die gerade auf ein neues Anmeldesystem umgestiegen war. Was als Arbeitserleichterung für den Praxisalltag gedacht war, erwies sich in den ersten Tagen als kompliziert und zeitraubend. Irgendwie war es dem System gelungen, zwei durchaus erfahrene Sprechstundenhilfen auszutricksen und Termine als „frei" zu kennzeichnen, die bereits zweifach vergeben waren. Mit anderen Worten: Es herrschte Chaos an der Anmeldung.

Als ich zu meinem Termin erschien, waren mit mir noch zwei andere Patientinnen bestellt. Während die erste Patientin nach dem Motto vorging: Wer zuerst kommt, mahlt zuerst, ärgerte sich die andere lautstark, fand das alles ungerecht und dreist, schließlich habe sie ihre Zeit auch nicht zu verschenken. Sie ließ die Sprechstundenhilfe erst gar nicht zu Wort kommen, sondern brauste in einem Ton auf, der einfach unangemessen war. Erst als die Ärztin auf den Tumult am Anmeldetresen aufmerksam wurde und hinzukam, war die Patientin, die wir der Einfachheit halber Frau Mayer nennen wollen, zu besänftigen.

„Frau Mayer, ich weiß, Sie sind schon lange Patientin bei mir, aber schauen Sie mal, hier sind ja noch zwei Damen, denen es genauso ergangen ist wie Ihnen. Mit Schimpfen und Beschuldigungen kommen wir nicht weiter. Lassen Sie uns einfach mal schauen, wie wir das Problem für alle aus der Welt schaffen können."

Ich staunte, wie schnell ihre ruhige, aber bestimmte Art Ruhe in die Situation brachte. Mit einem längeren Blick in den alten, handschriftlichen Terminplaner sagte sie: „Da ist uns wirklich trotz modernster Technik ein Fehler unterlaufen. Das ist natürlich sehr unangenehm, aber wir sind eben alle nur Menschen. Also, ich kann Ihnen Folgendes anbieten, Frau Mayer …" Sie nannte ihr zwei Termine. Bei dem einen hatte die Patientin keine Zeit, bei dem anderen schon etwas geplant. Schließlich bot die Ärztin ihr an, noch eine Stunde an die reguläre Sprechzeit dranzuhängen. „Vielleicht haben Sie ja noch was zu besorgen?"

Ja, das hatte sie. So ging Frau Mayer noch etwas einkaufen und ich bekam einen der von ihr nicht akzeptierten Termine. Und bei so vielen zufriedenen Gesichtern konnten auch die Sprechstundenhilfen wieder lächeln.

Ein paar Tage später saß ich im Sprechzimmer der Ärztin und erzählte ihr: „Manchmal lasse ich mich von den negativen Gefühlen um mich herum so beeinflussen. Ich habe Sie neulich bewundert, wie ruhig Sie mit dem Problem der Terminvergabe umgegangen sind. Die Haltung würde ich mir auch gerne in Stresssituationen zu eigen machen. Aber ich renne ja gleich wie ein Hamster im Rad."

Und wieder staunte ich, denn auch heute nahm die Ärztin sich Zeit, obwohl wieder viele Patienten warteten. Ich erfuhr, dass sie länger im OP eines Krankenhauses mit einem thailändischen Kollegen zusammengearbeitet habe, dessen gelassene, ruhige Art ihr als hektische und schnell arbeitende Ärztin manchmal auf die Nerven gegangen sei. Bis ihr in der Hektik ein grober Fehler unterlief, den der Kollege eben noch für sie beheben konnte. Damals sei sie heulend aus dem OP gerannt und in den Klinikgarten geflüchtet, wo der Kollege sie später völlig aufgelöst an einem kleinen Teich fand.

„Ich war damals drauf und dran, meinen Arztberuf an den Nagel zu hängen, das können Sie mir glauben. Ich habe mich so über mich geärgert. Aber ohne mir den geringsten Vorwurf zu machen, meinte er nur, es sei gut, dass ich auf das ruhige Wasser schaue. Ich muss ihn angeschaut haben, als würde ich ihn für verrückt halten", lächelte sie bei der Erinnerung an den Rat des Kollegen. „Aber er fuhr ruhig fort: ‚Denn nur im ruhigen, nicht im fließenden Wasser kannst du dein eigenes Bild schauen. In meiner Heimat heißt es: ‚Nur wer selbst ruhig bleibt, kann für andere zum Ruhepol werden.‘ Das ist mein Leitspruch geworden, der mich durch manch turbulente Lebensphase begleitet hat. Hängt übrigens auch hinter Ihnen, hat mir der Kollege bei der Praxiseröffnung als Einrahmung geschenkt. Probieren Sie es mal aus. Ich hab es anfangs auch nicht glauben wollen, aber es funktioniert, weil es so einfach und so entwaffnend ist."

„Nur wer selbst
ruhig bleibt,
kann für andere
zum Ruhepol werden."

Gleich am nächsten Tag hatte ich ungewollt Gelegenheit dazu. Ich hatte vergessen, den Wechsel unseres Stromanbieters rechtzeitig dem Hausmeister zu melden, der mir zur Ablesung den Zählerraum aufschließen musste. Schon am Telefon holte ich mir eine schroffe Abfuhr von ihm ein, er sei bis eben in der Wohnanlage zugange gewesen, jetzt habe er Feierabend. „Sie wissen doch schon länger, dass Sie sich um die Ablesung kümmern müssen. Ich hab auch noch anderes zu tun!", schimpfte er.

All das stimmte und ich gab ihm kleinlaut recht, obwohl ich seinen belehrenden Ton ziemlich ärgerlich fand. Doch ich gab mir das Signal „Ruhepol", behielt meinen Ärger für mich und vereinbarte brav einen neuen Termin mit ihm. Und was passierte? Dieses Mal vergaß er den Termin und sperrte den Raum nicht, wie vereinbart, auf. Kleinlaut gab er am nächsten Morgen seinen Fehler zu. Statt wie sonst meinem Ärger Luft zu machen, sagte ich nur: „Macht ja nichts, wir sind doch alle nur Menschen!"

Oh, tat das gut, ruhig zu bleiben und nicht im Strom negativer Gefühle mitzuschwimmen.

Sogar mit Puschen

Vor vielen Jahren, als unsere Mutter noch mobiler und meiner Schwester die Reisepartnerin für ihre Chinareise kurzfristig abgesprungen war, übernahm Mutti den frei gewordenen Reiseplatz an der Seite ihrer Tochter. Seitdem braucht in unserer Familie nur das Stichwort „China" zu fallen, und sofort schwelgen die beiden in Erinnerungen und Anekdoten, die sie mit der Reisegruppe im Reich der Mitte erlebten.

Es begann schon am Flughafen beim Einchecken in den Flieger nach Peking. Natürlich war unsere Mutter, die bisher höchstens nach Mallorca geflogen war, viel aufgeregter als meine reiseerfahrene Schwester. Eine riesige Schlange hatte sich schon vor ihnen am Check-in-Schalter gebildet. Mutti kontrollierte zum wiederholten Male die erforderlichen Papiere und versuchte den Überblick über die Gepäckstücke zu behalten.

Alle Passagiere schoben und zerrten ihre Koffer und Taschen vorwärts. Ein Pärchen, das eigentlich hinter den beiden in der Schlange gestanden hatte, nutzte einen kurzen Moment, in dem es Mutti nicht so schnell gelang, ihren Koffer in die frei werdende Lücke zu schieben, um sich vorzudrängeln.

„Komm, Mutti, reg dich nicht auf, wir werden schon alle einen Platz in der Maschine kriegen", beruhigte meine Schwester sie.

Und so war es dann auch, obwohl es zunächst noch einen Grund zur Aufregung gab. Besagtes Dränglerpärchen erhielt nämlich beim Einchecken die letzten beiden Plätze im Economybereich.

„Ja, aber das kann doch nicht sein! Wir sind doch auch für diese Maschine gebucht und waren wirklich rechtzeitig hier", schimpfte meine Schwester, die mit Mutti und vier weiteren Passagieren nun ganz am Ende der Warteschlange anstand.

„Ja, das tut uns wirklich leid, aber wenn Sie nebeneinandersitzen wollen ..." (und das wollten Mutter und Tochter natürlich auf einem so langen Flug) „... dann kann ich Ihnen und den Herrschaften hinter Ihnen nur noch Plätze im Businessbereich anbieten. Natürlich müssen Sie dafür nicht upgraden. Das ist ja nicht Ihre Schuld." Und mit einem triumphierenden „Die Letzten werden die Ersten sein" zog das Sechsergrüppchen an den übrigen Wartenden vorbei in Richtung erste Klasse.

„Der letzte Platz ist manchmal erste Klasse."

Kennen Sie das auch? Manchmal lohnt sich das Warten einfach. Es ist besser, tief durchzuatmen und nicht gleich Streit anzufangen. Ein Blick in das gespielt erschrockene Gesicht hinter dem Check-in-Schalter, dem ja meistens auch das unangenehme Vordrängeln nicht verborgen geblieben ist: „Tja, da waren die Herrschaften vor Ihnen einfach schneller. Aber vielleicht dürfen wir uns mit unserem nur in der Businessclass servierten Abendmenü für die Unannehmlichkeiten entschuldigen?!"

Und so saßen die beiden in ihren Fauteuils in der Businessclass, genossen Menü, Sekt, die weißen Pantöffelchen der Fluglinie an den Füßen und die herrlich angenehme Beinfreiheit auf dem langen Flug. Ich sehe die beiden auch heute noch mit breitem Grinsen in wohliger Zufriedenheit bildlich vor mir.

Den Ritterschlag versetzte ihnen aber ungewollt die Dame aus dem Dränglerpärchen, dem sie den Platz verdankten. Auf dem Weg zur Toilette im vorderen Flugzeugbereich stieß sie ihren Partner an und meinte: „Guck mal, die haben sogar Puschen an."

Ja, und seitdem ist dies ein geflügeltes Wort in meiner Familie geworden. Für mich heißt das: Gott sorgt für alle seine Schäflein, keines geht verloren, ob sie laut blöken oder nicht, ob langsam, ob schnell, jeder kriegt ein Plätzchen, manche sogar mit Beinfreiheit und Puschen an den Füßen … Und der letzte Platz ist manchmal erste Klasse.

Glaubst du, das hilft?

„Glauben Sie, das hilft?", fragt die junge Frau, die vor mir an der Reihe ist, die Apothekerin.

„Nun", erwidert diese ruhig, „das kann ich Ihnen natürlich nicht versprechen. Ich habe aber von Kunden gehört, die damit gute Erfahrungen gemacht haben und sehr zufrieden waren."

„Dann probiere ich es mal aus", erklärt die Kundin.

Auf dem Nachhauseweg fällt mir der Satz aus der Werbung ein: „Zu Risiken und Nebenwirkungen lesen Sie die Packungsbeilage oder fragen Sie Ihren Arzt oder Apotheker."

„Glaubst du, das hilft dir jetzt?" Ich weiß noch genau, wie ich vor vielen Jahren meine Mutter genau mit dieser Frage konfrontiert habe, als sie betend und weinend im Wohnzimmer hockte. „Wie kann denn Gott ausgerechnet Tante Ilse mitten aus dem Leben reißen? Wie kann er zulassen, dass ausgerechnet sie bei einem Autounfall ums Leben kommt. Sie fährt kein Auto und wollte an dem Tag laufen … Stattdessen steigt sie beim Nachbarn ein und dann kommt ihnen dieser Betrunkene entgegen und fährt sie tot. Und ausgerechnet dem passiert nichts." Ich konnte nicht an mich halten: „Was ist das denn für eine Ungerechtigkeit? Das hätte Gott doch steuern können! Ich denke, der ist so mächtig und sieht alles?"

„Ja, das ist furchtbar", entgegnete meine Mutter, „und ich weiß auch, wie sehr du Tante Ilse geliebt hast – wie wir alle. Ich verstehe das ja auch nicht und Gott ist der Einzige, an den ich mich jetzt wenden kann."

Sie versuchte verzweifelt ein paar Schritte auf mich zuzugehen. Aber ich wich aus und sagte nur: „Ach, hör doch auf, Mama! Dein Gebet kam zu spät." Noch heute schäme ich mich, wie ich da die Tür zuknallte und meine Mutter allein ließ mit ihren Gedanken und ihrem Schmerz.

Erst viel später vertraute sie mir an, wie sie sich in jener Nacht wieder und wieder an Gott wandte. „Gott, mein Kind hat recht, auch ich bin voll Zorn und Wut über diesen Unfall und auf dich. Erst nimmst du mir meine geliebte Schwester, lässt den Täter ungestraft mit ein paar kleinen Blessuren davonkommen – und jetzt, wo ich meinem Kind den Glauben als Trost vorleben möchte, versagen mir die Worte. Ich weiß mir keinen Rat."

Von all dem habe ich nichts mitbekommen, ich flüchtete zu Freundinnen und in die Jugendgruppe, fand alles blöd, ließ keinen an mich heran, schon gar nicht Gott. Der war doch an allem schuld. An diese schreckliche Zeit muss ich oft denken. Wie ich da dichtgemacht habe, wie ich mit allem haderte. Vielleicht sind es gerade die Momente, wo man das Gefühl hat, dass Gott ganz weit weg ist, um ihm wieder näherzukommen?

Als der Leiter unserer Jugendgruppe mich einige Wochen später auf mein aufbrausendes und unnahbares Verhalten ansprach, erzählte ich ihm, was ich meiner Mutter an den Kopf geworfen hatte.

Er überlegte eine Weile, bevor er antwortete: „Du, ich weiß gar nicht, ob die Art, wie deine Mutter gerade mit dem Tod deiner Tante umgeht, so verkehrt ist. Ich hab früher auch gedacht, das hilft nichts, davon kommt der Mensch nicht wieder. Aber ich kann dir nur raten: Bete und gib all die Wut, die

Trauer an Gott ab. Jammere und klage ruhig! Du darfst all das Unbegreifliche, das Bittere, die Zweifel, das Unerträgliche im Gebet Gott an den Kopf werfen. Und trotzdem wird das Band zwischen Gott und dir nicht zerreißen."

„Und du glaubst, das hilft mir? Das ist ja das Gleiche, was meine Mutter mir auch erzählt", meinte ich skeptisch.

„Ja", sagte er voller Überzeugung, „es hilft. Probier es einfach aus."

„Bei Gott kannst du immer wieder von vorn anfangen."

„Aber wie soll ich damit anfangen? Gerade jetzt, wo ich meinen Glauben so infrage stelle?"

Und dann kam jener Satz, den ich seitdem im Herzen trage und mir immer wiederhole: „Bei Gott kannst du immer wieder von vorn anfangen, ohne Angst vor Risiken und Nebenwirkungen. Du kannst ihn jederzeit anrufen, er ist da und hört zu."

Beten. Das Medikament aus der Apotheke Gottes. Seitdem hab ich es oft probiert. Heute weiß ich, es wirkt nicht sofort und es hilft auch nicht immer, künftiges Leid zu vermeiden, aber es hilft durch schwere Stunden hindurch. Gegen all die Symptome wie Schmerz, Wut, Trauer und Niedergeschlagenheit. Und wenn mich heute jemand fragt: „Glaubst du, das hilft?", dann sage ich: „Ja, ich glaube und das hilft."

Müssen müssen

So eine Überraschung! Auf dem Weg zum Supermarkt treffe ich zufällig Lisa. Ach, wie schön, denke ich, so ein Zufall – und umarme sie stürmisch. „Grüß dich, Lisa, dich hab ich ja schon ewig nicht mehr gesehen! Das freut mich aber, wie geht's dir?"

Lisa, schon zwei Schritte an mir vorbei, ruft mir hektisch zu: „Du, ich freu mich auch riesig, dich zu sehen, ehrlich. Aber ich muss ganz schnell einkaufen. Wir telefonieren, ja?! Versprochen!" Sagt es und verschwindet.

Hm, denke ich, schade. Hätte sie denn nicht mal ein paar Minütchen Zeit gehabt? Der Supermarkt ist doch von 7 bis 20 Uhr geöffnet. Natürlich haben wir oft Termine, sind auf dem Sprung. Dann ist so eine Unterhaltung mit einer guten Bekannten noch ein zusätzlicher „Zeiträuber". Brrr, mich schüttelt es gerade, wenn ich das lese. Will ich den Satz wirklich so stehen lassen? Eine Begegnung mit einem Menschen als *Zeiträuber* zu bezeichnen? Nein, Leute, ich kann es bald nicht mehr hören! Allerdings mache ich es ja genauso. Wir sind alle ständig am Rennen und in Eile.

Was wir alles *müssen!* „Ich muss arbeiten, ich muss lernen, ich muss zur Nachhilfe", sagen die einen. Natürlich, wovon sollen wir leben? Ohne gute Ausbildung keine angemessene Arbeit danach.

Die anderen *müssen* am Wochenende unbedingt wandern oder zum Skifahren gehen. „Bei dem Wetter *muss* man einfach an den See fahren", sagt die eine Kollegin. Und die andere ist entrüstet: „Was, du warst noch nicht im neuen Stück von Martin Kusej im Münchener Residenztheater? Aber die neue Ausstellung hast du dir doch wenigstens angesehen? Die ist ein *Muss!*" „Diesen Film *muss* man gesehen haben", behauptet die Zeitung. Und ich denke: Hilfe, ich *muss* unbedingt zum Friseur, zur Kosmetik, zum Sport …

Nein, ich kann's nicht mehr hören! Wie das alles klingt? Aufgesetzt und überdreht. Kann ich nicht selbst entscheiden, was mir guttut, was ich für wichtig halte? Ist das wirklich alles so nötig, wie alle sagen?

Nur ein paar Tage nach meiner missglückten Begegnung mit Lisa (natürlich hat sie nicht, wie versprochen, bei mir angerufen; wahrscheinlich *muss ich* das tun) remple ich beim Einsteigen in die U-Bahn aus Versehen einen jungen Mann an.

„Oh, da muss ich mich wirklich entschuldigen", sage ich zu ihm, während er mir doch tatsächlich den Vortritt lässt.

Mit einem breiten Grinsen erwidert er: *„Basst scho!* Und außerdem: *Mia miass'n ned, mia deaf'n!"* Er deutet auf den gleichlautenden Aufkleber auf seiner ausgefransten Tasche.

Nach vielen Jahren in München versteh ich diesen Ausspruch mittlerweile auf Anhieb, wohingegen mir die Aussprache dieses netten bayrischen Satzes immer noch ein bisschen schwerfällt. Klasse, denk ich, genau so ist es. Sehen wir es doch endlich mal als ein Privileg an: Wir müssen nicht, wir dürfen!

Was für ein Geschenk das alles ist, was wir angeblich machen *müssen*, sieht man spätestens dann, wenn man etwas nicht darf bzw. kann. Wenn man nicht die Möglichkeit hat,

„lernen zu müssen", weil man nicht die entsprechenden Bildungseinrichtungen zur Verfügung hat. Wenn man nicht über die geldlichen Mittel verfügt, um „noch schnell einkaufen zu müssen". Wahnsinn, wie schnell wir doch alles wieder vergessen!

„Ein genialer Satz, den muss – Verzeihung, *darf* – ich mir unbedingt merken!", ruf ich dem jungen Mann noch beim Aussteigen zu. Ein Satz, der mich eine ganze Weile nicht loslässt und viele Erinnerungen wachruft.

„*Wir müssen nicht, wir dürfen.*"

Ich denke an die Zeit, als ich nach einem Unfall längere Zeit auf Gehhilfen angewiesen war und dreimal pro Woche zur Physiotherapeutin humpelte. Ich kam immer vollkommen erschöpft dort an und musste mich erst vom Weg ausruhen, bevor wir überhaupt mit den Übungen beginnen konnten. Manchmal war ich ziemlich frustriert. Was für ein riesiger Aufwand von der Wohnung bis in die Praxis und wieder zurück! Ein ganzer Vormittag ging dafür drauf. Kamen wir vorwärts? Sollte ich das Ganze nicht abbrechen? „Wie lange muss ich denn eigentlich noch kommen?", schimpfte ich irgendwann, wobei die Betonung natürlich auf dem „noch" lag.

Auch diese erfahrene Therapeutin brachte mich damals

zum Nachdenken. „Bedenken Sie, Frau Rosenkranz, Sie *müssen* nicht hierherkommen, Sie *dürfen*."

Ja, stimmt, wurde mir bewusst, als ich nach dem Unfall noch im Krankenhaus lag, hätte ich mir diese Fortschritte nur gewünscht. Schon wieder war ich ungeduldig und es ging mir nicht schnell genug.

Jetzt war es dieser junge Mitfahrer in der U-Bahn, der mir mit seiner bayrischen Schnodderigkeit den dezenten Hinweis gab, was für ein Geschenk wir Menschen doch bekommen haben, uns bewegen zu können, unsere Freizeit frei gestalten zu dürfen, leben zu dürfen, einander zu begegnen und uns Zeit füreinander nehmen zu können.

Auf geht's! Gleich darf ich mir in der Sportstunde einen neuen Muskelkater holen. Klingt doch viel besser, oder? Was wohl Lisa gerade wieder *müssen* muss?

Der Knurrhahn

Was, Sie kennen den Knurrhahn nicht? Da haben Sie Glück. Als ich Kind war, wohnte er in unserer Nähe und es gab von Anfang an nur Ärger mit ihm. Ständig beschwerte er sich über alles und jeden. Besonders Kinder waren ihm ein Dorn im Auge. Zu laut, zu unerzogen, zu viel draußen, zu neugierig, waren seine Kommentare.

Er hatte sich ein altes Haus in unserem Dorf gekauft, weil er als Rentner einen „ruhigen Lebensabend" verbringen wollte. Nur mit der Ruhe der Dorfbewohner war es seitdem vorbei. Ständig gingen irgendwelche Beschwerden und Petitionen von ihm beim Bürgermeister oder Dorfpolizisten ein. Mal waren die Kinder, mal die Kühe und Hunde im Dorf zu laut, mal störte der Nachbar mit dem Traktor seine Mittagsruhe oder der Hahn vom Hof gegenüber krähte zu früh. „Aber der Hahn kräht einen fröhlichen Morgengruß, während der Mensch nur rumknurrt", beschwerte sich unsere Nachbarin bei meinen Eltern. Ich schnappte den Satz auf – und schon war der Name für den neuen Nachbarn in der Welt.

Schön und gut, wir hatten einen Dorfnamen für ihn, aber wie sollten wir mit dem unzufriedenen alten Mann umgehen? Wie die Erwachsenen versuchten auch wir Kinder, ihm möglichst aus dem Weg zu gehen. Leider ging das nicht immer. Meine Familie hatte das Pech, dass unsere Wiese genau an seine Verandaseite grenzte – und dort hing an einem der

Apfelbäume meine Schaukel. Stundenlang spielte ich mit Freundinnen oder meiner Schwester im Garten. Es war herrlich, sich auf der Schaukel in die Höhe zu schwingen und den Blick über die anderen Gärten schweifen zu lassen. Bisher hatte unser Spiel auch noch keinen der Nachbarn gestört. Aber jetzt wohnte „Knurrhahn" nebenan. Natürlich rief er sofort bei meinen Eltern an, beschwerte sich über uns und unser lautes Gelächter und das Quietschen der Schaukel, das ihm ein Verbleiben auf seiner Terrasse unmöglich mache. Den Einwand meiner Mutter, wir seien doch Kinder und man könne der Schaukel vielleicht mit einem Tröpfchen Öl nachhelfen, ließ er nicht gelten. Nein, diese neugierigen Blicke in seinen Garten seien nicht hinzunehmen und er verlange, die Schaukel abzuhängen.

Damit kam er jedoch bei meinem Vater schlecht an. „Von wegen! Das kommt überhaupt nicht infrage! Erst ziehen die Leute aufs Dorf und dann sollen die Dorfbewohner am besten erst die Hähne und dann die Kinder wegsperren. Die Schaukel bleibt, wo sie ist." Als Achtjährige hatte ich jetzt einen neuen Helden – meinen Papa, der es dem Herrn Nachbarn mal so richtig gezeigt hatte.

Die Reaktion des Nachbarn ließ nicht lange auf sich warten. Eine Baufirma rückte an und eine riesige Holzvertäfelung wurde zwischen unseren Grundstücken errichtet. Wenn man jetzt schaukelte, fiel der Blick nur noch auf den Bretterverschlag; nichts mehr von dem Gefühl, frei über die Gärten schwingen zu können.

Meine Eltern belächelten die neue „Lärmschutzwand". Ich schaukelte weniger, aber hin und wieder packte mich doch die alte Sehnsucht. So auch an einem sonnigen Freitagnachmittag. Ich hatte meinen Schulranzen in die Ecke gefeuert und lief so schnell ich konnte zu meiner Schaukel. Hinter der Holzwand hörte ich den Nachbarn im Garten rumoren, aber wenn ich die Augen schloss, sah ich mich wieder in meinen Gedanken frei über die Gärten schweben. Doch was war das? Plötzlich gab es einen heftigen Schlag hinter der Holzwand, dann war da ein dumpfer Aufprall, gefolgt von einem Stöhnen. Schnell sprang ich von der Schaukel. Ihr Quietschen verriet mich und ich wollte rasch ins Haus laufen, weil ich Angst hatte, der Nachbar käme vielleicht sogar über den Zaun gestiegen.

Da hörte ich eine Stimme hinter dem Bretterverschlag: „Hilfe, hallo, bist du noch da, Kind? Kannst du mir helfen? Ich bin von der Leiter gefallen und stecke hier irgendwie zwischen zwei Brettern fest …" Weiter kam er nicht.

„Ich hol schnell meinen Papa, der ist gerade in die Garage gefahren, das hab ich gehört."

Mein Vater kam noch im Mantel und mit Aktentasche in den Garten gelaufen. Wir holten unsere Leiter und Papa kletterte zu ihm hinüber.

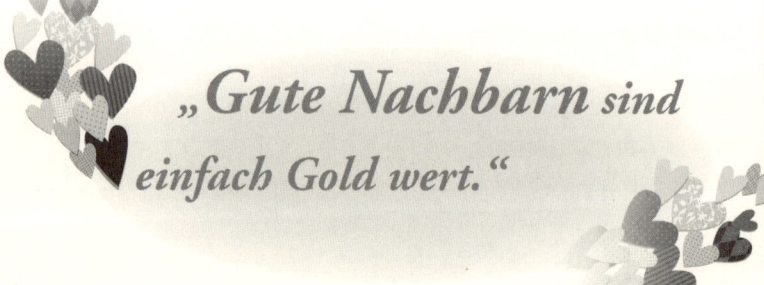

„*Gute Nachbarn* sind einfach *Gold wert.*"

„Glück gehabt, Herr Nachbar, dass Sie nicht noch höher gebaut haben … sonst hätte die Leiter nicht mehr gereicht." Diese Bemerkung konnte sich mein Vater doch nicht verkneifen. „Und vor allem gut, dass meine Tochter sich von Ihrem Geschimpfe nicht hat abbringen lassen und hier gespielt hat. Sonst hätte keiner Sie gehört."

„Jetzt helfen Sie mir doch endlich auf die Beine, statt mir Vorträge zu halten", knurrte der Nachbar von der anderen Seite.

„Tut mir leid, aber ein Weilchen müssen Sie sich noch gedulden. Ich brauche erst noch zwei starke Männer als Unterstützung, bevor wir Sie aus Ihrer misslichen Lage befreien können." Und mit einem Augenzwinkern zu mir kam Papa wieder auf die andere Seite geklettert.

„Keine Sorge", flüsterte er mir zu, „der hat sich nicht ernsthaft verletzt, aber ein bisschen erziehen müssen wir den jetzt auch." Sprach's und ging nicht gerade im Eiltempo zu den Nachbarn, die sich schon neugierig am Zaun versammelt hatten.

„Wie lange dauert das denn? Ich brauche Ihre Hilfe!" Die Stimme hinter dem Zaun klang schon richtig weinerlich. Doch noch während mein Vater mit den Nachbarn redete, war ein kleiner Nachbarsjunge unbemerkt auf die Leiter geklettert und rief über den Zaun: „Onkel Knurrhahn, du hast das Zauberwort vergessen."

„Kindermund tut Wahrheit kund, Herr Nachbar", meinte sein Papa, fischte den Jungen von der hohen Leiter und drückte ihn stolz an sich.

„Ja, *bitte* – aber jetzt endlich!", raunte der Nachbar und sechs Hände befreiten ihn schließlich.

65

„Na also, geht doch! Gute Nachbarn sind einfach Gold wert, nicht wahr, Herr Nachbar", grinste Papa. „Jetzt kommen Sie zu uns in den Garten, eine kleine Stärkung wird uns jetzt allen guttun. Und wenn es recht ist, helfen wir auch gern, falls Sie den Schutzwall um Ihren Garten wieder abreißen wollen ..."

Und nachdem unser Nachbar zur späten Einsicht gelangt war, hatte ich beim Schaukeln wieder freie Sicht.

Herzsteine

Ein herrlicher Sommertag. Meine Freundin Yvonne und ich laufen auf den Kiesbänken an der Isar entlang. Es gibt so viel zu erzählen, fast zwei Jahre haben wir uns nicht gesehen und so vieles ist passiert. Währenddessen sucht Luis, der Sohn meiner Freundin, eifrig nach Herzsteinen. Erst vorhin hatte ich ihm von meiner Leidenschaft erzählt, gerne am Wasser nach herzförmigen Steinen Ausschau zu halten. Ebenso eifrig ist der Zehnjährige mit seiner neuen Kamera zugange und macht auch einige Aufnahmen von uns beiden. Wie die Herzsteine werden auch die Fotos von uns kritisch begutachtet.

„Nein, da bin ich viel zu dick", schimpfe ich über eine von Luis' Nahaufnahmen.

„Nee, das geht überhaupt nicht, da hab ich ja die Augen zu", kommt es von Yvonnes Seite. Wir stehen eng nebeneinander, Freundinnen seit dreißig Jahren, lächeln fröhlich in die Kamera und sind einfach nur glücklich und unbeschwert. Glücklich mit diesem Tag, glücklich über dieses Wiedersehen. Glücklich über unsere Freundschaft und unsere Familien.

„Mach doch mal ein Brustbild von uns, Luis, da sieht man den Bauch nicht so", ruft Yvonne fröhlich zu ihrem Sohn. Also schießt Luis ein Brustbild von uns. Als wir es anschließend auf dem Display begutachten, kommen uns die Tränen vor Lachen, denn Luis hat das Wort „Brustbild" wörtlich genommen. Genau in der Mitte des Fotos sind die Dekolletés unserer Sommerkleider zu sehen. Kopf und Bauch sind abgeschnitten.

„Ihr seid vielleicht alberne Hühner, ihr wolltet doch ein Brustbild!", schimpft er über unser Gelächter.

An dieses Brustbild muss ich gerade intensiv denken. Denn heute ist ein Tag wie jeder andere und doch ist plötzlich alles anders. Eben noch habe ich mich über den unzuverlässigen Maler geärgert, der mich kurzfristig versetzt hat. Und dann überfliege ich so nebenbei meine Mails und bleibe an einer hängen …

Das gibt es doch nicht! Yvonne hat Brustkrebs, ist schon operiert worden. Das Gute, der Krebs hat nicht gestreut, schreibt sie. Nein, nicht Yvonne, denke ich. Es ist doch gerade erst ein paar Monate her, dass wir hier in München so fröhlich beisammen waren und uns über unsere Zipperlein jetzt mit 50plus mokiert haben. Darüber, dass wir plötzlich für alles so viel Zeit brauchen und uns schon die kleinsten Aufgaben, die wir sonst mit links erledigten, aus dem Takt bringen können. Gelacht haben wir über unser Wechselbad der Gefühle, Entschleunigung sollte unser Motto für die kommenden Jahre werden. Entschleunigung, ja, aber doch nicht ein solches Aus-der-Bahn-Werfen? Wir sind doch noch nicht alt, Yvonnes Söhnchen gerade mal zehn. Lieber Gott, sie hat doch noch so viel vor im Leben.

Vor Kurzem ist eine enge Freundin meiner Schwester an Krebs gestorben. Auch sie ein Mensch, der so gebraucht wurde, der so viel Herzenswärme in sich hatte, der alles mit so viel Pferdestärke, Charme und Güte in Familie und Freundeskreis schaffte wie meine Freundin Yvonne.

Und so begann ich dieses Kapitel just an dem Tag, als ich

Yvonnes E-Mail erhielt. Ich konnte nicht, noch nicht antworten. Ich, die immer so gerne redet und schnell auf „Antworten" tippt, hab ganz wütend auf die Tastatur eingehackt. Oh, was war ich zornig auf diesen Krebs, der so fantastische Menschen trifft. Und ich war böse mit mir, weil ich so egoistisch bin. Weil ich mich immer erst dann wachrütteln lasse und merke, was Leben in all seinen Zügen heißt, wenn solche Geschichten passieren. Mein Gefühl war, dass um mich so wunderbare Menschen erkranken und ich nichts für sie tun kann. Im Gegenteil, sie helfen mir sogar, in dem allen noch einen Sinn zu finden. So wie Yvonne, die aus ihrer Achterbahn der Gefühle heraus schreibt: „Die Wärme um mich herum gibt mir Zuversicht." Und sie bittet darum, dass wir ihr die Daumen drücken, dass ihr Körper die Kraft findet, dieser Krankheit zu trotzen. Das ihr Mögliche werde sie dafür tun.

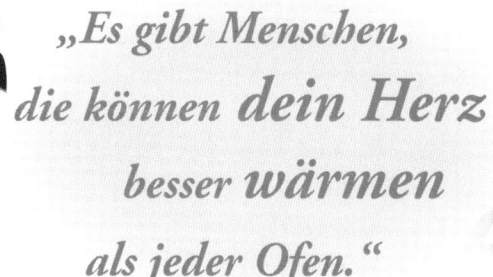

„*Es gibt Menschen,
die können* **dein Herz**
besser **wärmen**
als jeder Ofen. "

Es berührt mich zutiefst, als sie später in ihrer Weihnachtskarte den Dank aufbringt für ein „schönes Jahr mit vielen unvergessenen Momenten, unserem tollen Wiedersehen in Mün-

69

chen, aber leider mit einem bitteren Schlussakkord …" Und ich schlucke und denke, wie kraftlos ich mich gerade fühle.

Zugleich wage ich zu hoffen, denn Yvonne ist ein Sommerkind und wo Yvonne ist, da ist Herzenswärme. Die spürt man sogar durchs Telefon und das Briefpapier hindurch. Ich kenne Yvonne seit unserem gemeinsamen Frankreichjahr vor nunmehr dreißig Jahren und in all diesen Jahren hab ich keinen Menschen erlebt, der sich dieser Wärme entziehen konnte. Es gibt Menschen, die können dein Herz besser wärmen als jeder Ofen. Und einer solchen *Herzenswärmerin* wünsche ich jetzt, dass sie um und in sich die nötige Wärme speichern kann, um die bevorstehende anstrengende Therapie zu meistern.

Neulich habe ich wieder Herzsteine gesammelt und hatte gleich zwei Experten dabei. Yvonne und Luis haben uns besucht. Yvonne brauchte nach Chemo und zahlreichen Bestrahlungen einen Tapetenwechsel und Luis braucht neue Herzsteine. Es ist schön, mit der Freundin genau denselben Spaziergang machen zu können wie vor ihrer Erkrankung. Neben mir geht eine mutige Frau, die einen weiten Weg hinter sich hat, sich im Moment ganz gut fühlt, aber noch nicht genau weiß, ob alles gut wird. Eine Frau, die trotzdem zuversichtlich mit jetzt kurzen Haaren in die Kamera blickt und dabei so viel Wärme schenkt.

„Sollen wir weitergehen?", frage ich sie.

„Sehr gerne", antwortet sie.

Genau richtig so

Ein niedliches Kind, der kleine Sohn meiner französischen Freundin. Fröhlich läuft der Sechsjährige gemeinsam mit seiner zwei Jahre jüngeren Schwester rund um das neue Haus. Auch zwei Nachbarskinder sind noch mit von der Partie. Aber urplötzlich hat Victor keine Lust mehr und flüchtet sich auf den Schoß seiner Mutter. Spottend kommt seine kleine Schwester angelaufen: „Vici, du Angsthase, komm schon, es macht doch so viel Spaß!" Aber Vici klammert sich an den Hals seiner Mutter und ruft: „Nein, ich mag nicht, es ist so dunkel dahinten im Eck, ich hab Angst."

„Was denn", entgegnet sein Vater empört, „du wirst dich ja wohl nicht auf dem Schoß deiner Mutter verstecken? Sei ein großer Junge und blamier dich nicht vor deiner kleinen Schwester. Schau mal, die hat keine Angst. An der ist sowieso ein Junge verloren gegangen."

Ich mag Jean-Pascal, den Mann meiner langjährigen Freundin sehr, aber diese Sprüche finde ich unmöglich. „Du, ich hatte als Kind auch Angst, in den dunklen Keller zu gehen. Für meine Schwester und mich war das eine Art Mutprobe, aber die hab ich lieber freiwillig nicht bestanden. Du glaubst nicht, wie schnell ich immer oben war, wenn ich abends etwas aus dem Keller holen sollte", versuche ich für den kleinen Victor eine Bresche zu schlagen.

„Ach was, man darf Kinder nicht so verzärteln. Uns hat als Kinder auch keiner gefragt. Komm, Vic, jetzt stell dich nicht so an", meint Jean und zerrt den verängstigten Jungen hinter sich her, noch bevor meine Freundin eingreifen kann. „Siehst du, da ist doch gar nichts. Wie kann man sich nur so anstellen? Und jetzt nimm dir mal ein Beispiel an deiner kleinen Schwester."

„Nimm dir ein Beispiel an deiner großen Schwester und iss nicht so viel." Das hat auch das kleine Mädchen aus unserem Nachbarhaus immer wieder zu hören bekommen. Marta und ich wurden zusammen eingeschult und Marta war auch in der Schule „unser Dickerchen". Sie aß einfach mit Leidenschaft und verschlang in der Pause drei Brote in der Zeit, wo ich gerade mal eins schaffte. Dabei schaute sie immer über ihre Schultern, als ob ihr jemand das Essen streitig machen könnte. Und das kam nicht von ungefähr, denn in Martas Familie gab es bei Tisch nur ein Thema: „Iss nicht so viel, nimm dir ein Beispiel an deinen Geschwistern. Schau mal, wie dünn die alle sind." Ständig war von ihrem Essverhalten die Rede.

Aber Marta hatte zum Glück einen guten Freund, ihren Papa. „Jetzt lasst mir doch mal das Mädel in Ruhe", polterte er eines Abends, als ich auch mit bei den Nachbarn beim Abendbrot saß und wieder nur über Martas vollgestopfte Backen und ihre vielen Pfunde gelästert wurde. „Ihr könnt doch nicht ständig nur an ihr rummeckern, dann stopft sie sich ja aus reinem Frust noch mehr rein oder isst vielleicht heimlich, nur damit ihr sie nicht kritisieren könnt. Ich war auch pummelig als Kind, aber das war nicht ständig Thema bei uns. Meine Mutter hat immer gesagt: ‚Du bist, wie du bist, und ich hätt dich gar nicht anders haben wollen.' Und so geht es mir auch mit Marta. Komm, wir lassen die andern jetzt mal allein und machen einen kleinen Abendspaziergang. Nur du und ich und vielleicht noch deine Freundin Gina?"

Gerne gesellte ich mich dazu, während Marta zunächst nur etwas widerwillig ihrem gerade dick mit Butter belegten Brot auf dem Teller nachsah, aber dann kam sie doch mit uns. Das wurde für uns beide ein schöner und lehrreicher Spaziergang. Noch heute ist mir die Gewohnheit geblieben, eine kleine Abendrunde zu drehen, um den Kopf von negativen Gedanken freizukriegen.

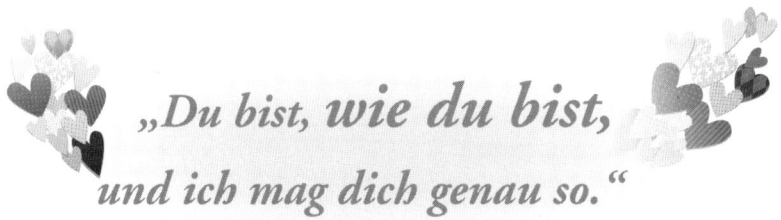

„Du bist, wie du bist,
und ich mag dich genau so."

„Du bist, wie du bist, und ich mag dich genau so" – dieser Satz ist einer meiner Herzenssätze geworden. Ich hab ihn später von meinem Mann auch wieder gehört, als ich mit dem Gedanken spielte, meine abstehenden Ohren korrigieren zu lassen, für die ich mich in der Schule, besonders aber im Schwimmunterricht, so geschämt hatte, dass ich nie unter Wasser tauchen wollte, weil man mit nassen Haaren die Ohren erst richtig sehen konnte. Ein Besuch beim Friseur war für mich als Kind jedes Mal eine Tortur. Ständig in Angst, der Friseur könnte mir die Haare über den Ohren zu kurz schneiden.

Aber der Mann an meiner Seite meinte nur: „Ach, das fällt

doch nur dir als unangenehm auf, wer soll denn nach so was schauen? Stell dir mal vor, der liebe Gott hätte uns allen die gleichen Ohren gegeben – wie langweilig! Mir gefallen deine Öhrlis, so wie sie sind." Und mit einem breiten Grinsen fügte er noch hinzu: „Die sieht man wenigstens …"

Auch meine Freundin Marta nahm bezüglich meiner Idee einer Ohrenkorrektur kein Blatt vor den Mund. Sie hat übrigens im gleichen Jahr wie ich geheiratet und drei Jahre darauf Zwillinge bekommen: zwei Mädchen. Und raten Sie mal, wie die ausschauen? Eine von ihnen ist immer schon ganz dünn gewesen und die andere schon immer ein wenig pummelig. Aber das Thema Essverhalten kommt bei ihnen nie auf den Tisch, dafür sorgt schon der Großvater. „Die sind wie sie sind und genau richtig so", meint er.

Und Marta fügt noch hinzu: „Und wir konnten sie schon immer prima auseinanderhalten. Individuell eben, ist doch schön."

Herzensgeschenke

Ich vermisse sie richtig, die kleinen Krämerläden, die es in meiner Kindheit noch gab. Regelmäßig tauchten meine Schwester und ich kurz vor Weihnachten auf dem Dachboden eines solchen Ladens in unserem Dorf ab, wo sich all der Krempel und die Ladenhüter befanden, die unten im Geschäft keinen Platz mehr hatten. Und Erna, die Ladenbesitzerin, ließ uns schon nach kurzer Zeit allein und ging in den Verkaufsraum zurück, wohl wissend, es konnte Stunden dauern, bis sich die beiden Schwestern endlich entschlossen hatten, mit welcher Trophäe sie diesmal ihre Eltern beglücken würden. Und was wir da für „Schätze" fanden! Unsere Mutti nahm sie alle begeistert in Empfang: die sechs bunten Schnapsgläschen in den für meine Augen „echt goldenen" Plastikhalterungen; die „mundgeblasene" blaue Blumenvase, die so schief war, dass man sie immer irgendwo anlehnen musste, damit sie nicht umfiel. Das absolute Highlight aber war die kleine Krippe, die aus irgendeinem Abverkauf stammte und von der ich hin und weg war. Es waren ganz einfache kleine Holzfigürchen aus Pressholz, ein simpler Holzbogen diente als Krippe. Wir bekamen sie zu einem Superpreis – zum einen, weil sie wirklich etwas kitschig war, zum anderen aber, weil sie außer uns schon deshalb niemand haben wollte, weil die „Hauptfigur" in jeder Krippenszenerie fehlte: das Jesuskind.

Ich weiß noch, wie ich es damals wieder einmal kaum erwarten konnte, bis Mutti am Heiligabend endlich unser geheimnisvolles Geschenk ausgepackt hatte, dessen Mängel wir noch erklären wollten. Aber das mussten wir gar nicht. Mutti liebte dieses Geschenk sofort ohne Wenn und Aber und sagte: „Na, eine Krippe mit Jesuskind hat doch jeder. Aber diese Krippe ist etwas ganz Besonderes, die hab nur ich." Und sie umarmte ihre beiden Mädels und drückte sie an ihr großes Herz. In den Weihnachtstagen bastelten wir dann gemeinsam ein kleines Jesuskind und legten es in unsere Krippe. Auch in den folgenden Jahren stand unsere primitive, mangelhafte Krippe stets wie selbstverständlich unter dem strahlenden Weihnachtsbaum.

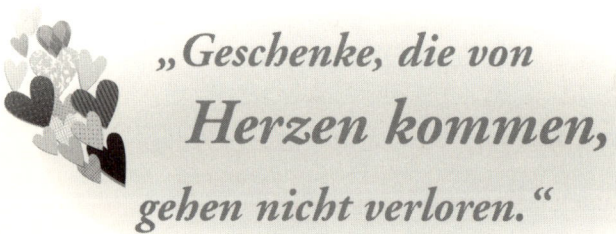

„Geschenke, die von

Herzen kommen,

gehen nicht verloren."

Und genauso haben unsere anderen kitschigen Geschenke noch heute ihren Platz in Muttis Schränken und ihrem Herzen. Erst vor Kurzem musste ich lachen, als ich jene blaue Vase entdeckte, die Mutti mit einem kleinen Blümchen versehen an die Fensterecke gelehnt hatte.

Ich sagte zu ihr: „Aber die kannst du doch wegwerfen, Mutti. Du hast doch so viele andere Vasen!"

Da meinte sie nur: „Nein, die habt ihr mir mal geschenkt. Und die ist wie ich – alt und ein wenig schief, aber zum Wegwerfen zu schade." Wie schön, wenn im Elternhaus so viele Herzensgeschenke ihren Platz haben!

All das liegt jetzt viele Jahre zurück, aber an unsere kleinen Weihnachtsgeschenke denke ich gerne zurück. Es tat gut, dass unsere Mutter nicht auf die Mängel unserer Geschenke hingewiesen hat, sondern auf das, was diese für sie zu etwas Besonderem machte. Sie hat uns damit ein großes Stück Liebe und Vertrauen in uns und unsere Auswahl gegeben. Und wenn man sagt, dass die Familie ein Lernort fürs Leben ist, dann habe ich für mich aus diesen Geschichten gelernt: Geschenke, die von Herzen kommen, gehen nicht verloren.

Viele Jahre später haben wir Mutti mal alle eine schöne „vorzeigbare" Krippe geschenkt. Aber Sie ahnen es bestimmt schon: Die alte Krippe aus dem Krämerladen steht immer noch jedes Jahr in Muttis Weihnachtsstube.

Ist mir so rausgerutscht

Manchmal rutschen mir die Worte viel zu schnell aus dem Mund und ich könnte mir noch nachträglich die Zunge abbeißen. Kennen Sie das? Wenn nicht, dann haben Sie wirklich Glück und können garantiert besser schlafen als ich. Denn in der Nacht, da überfallen sie mich dann: Schuldgefühle.

Dann frage ich mich: Warum habe ich nicht erst überlegt, bevor ich etwas sagte? Warum habe ich die E-Mail gleich losgeschickt, statt sie erst mal als Entwurf zu speichern oder am besten gleich zu löschen? Warum habe ich auf die Frage einer Kollegin gleich so abweisend reagiert, statt mir die Sache erst mal anzuhören oder eine kleine Bedenkzeit zu erbeten? Warum kann ich nicht erst mal zuhören, statt gleich einen Kommentar abzugeben, den ich nachher revidieren muss? Und wieso, lieber Gott, hast du mir zwei Ohren und nur einen Mund gegeben, wenn ich Letzteren doch so viel häufiger im Gebrauch habe?

„Ein jeder Mensch sei schnell beim Hören, langsam beim Reden, langsam beim Zorn" heißt es im Jakobusbrief. O weh, bei mir ist das oft genau umgekehrt. Und dann liege ich nachts wach und beginne zu grübeln, wie ich das morgen alles erklären soll. So wie bei jenem Vorfall mit der Kollegin, die sich durch meinen negativen Kommentar angegriffen fühlte.

Eine ganze Nacht lang grübelte ich, wie ich ihr am nächsten Tag in der Schule begegnen und meine Haltung erklären sollte. Ich malte mir aus, wie ich vor ihr stehe und mich entschuldige.

In Gedanken formulierte ich: „Tut mir leid, ich habe nicht daran gedacht, dass auch du sehr angespannt bist … Ich habe dich abgewürgt und bestimmt sehr verletzt …" Aber was ist, geht es mir durch den Kopf, wenn sie mir *nicht* verzeiht? Was, wenn unser Verhältnis dadurch für immer getrübt bleibt?

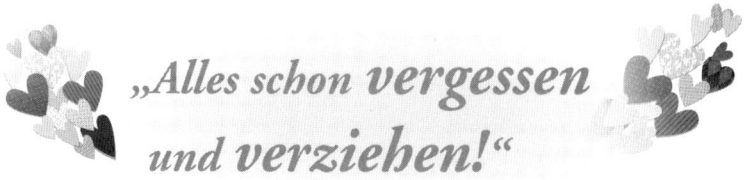

„Alles schon *vergessen* und *verziehen!*"

Am nächsten Morgen stehen wir uns gegenüber. Ich stammele hochrot meine Entschuldigungen und Erklärungen. Daraufhin sagt sie: „Es stimmt, du hast mich verletzt. Aber du hast dich gerade bei mir entschuldigt und ich weiß, dass das nicht einfach ist. Wir machen alle mal einen Fehler. Weißt du was? Eigentlich kann ich mich gar nicht mehr erinnern, was da zwischen uns war. Alles schon vergessen und verziehen!"

Rums, mir fällt ein Stein vom Herzen. Danke, Lilly! Und danke, Gott, dass du uns dieses Geschenk gegeben hast: einander zu verzeihen und wieder neu anzufangen. Uns nicht mit Steinen zu bewerfen, sondern gnädig miteinander umzugehen. Stimmt, wir alle machen Fehler und wir können nur versuchen, es in Zukunft besser zu machen. Aber selbst wenn wir in Zukunft (was ich für mich nur schwer garantieren kann) beide Ohren aufsperren und den Mund halten könnten … Ohne dieses großartige Geschenk des Verzeihens können wir nicht leben.

Rosen sind zickig

„Ach, hier bei den schönen Rosen, da könnten wir doch eine Pause machen – oder, Nele?" Ich gehe Arm in Arm mit Nele durch den kleinen Rosengarten in München.

„Du weißt doch, Rosen find ich zickig", sagt Nele und schüttelt missbilligend den Kopf. „Die konnte ich schon damals, als ich noch sehen konnte, nicht leiden." Vorsichtig tastet sie nach unten und streicht mit ihren Händen sanft über die Wiese. „Hier, schau", sagt sie, „hier sind Gänseblümchen und Löwenzahn und irgendwo da hinten kämpft eine fette Hummel um einen sicheren Halt auf der Blüte."

„Hier, schau", sagt Nele ganz oft zu mir und lacht dabei. Ja, es stimmt, Nele ist blind, aber sie sieht und erkennt oft mehr als ich Sehende. Die fette Hummel am Strauch habe ich zum Beispiel gar nicht beachtet. Dienstag ist mein Nele-Tag. Da gehen wir beide spazieren, egal bei welchem Wetter. Mal in den Zoo, mal an die Isar, mal in den Park oder zu unserem Lieblingsplatz, dem kleinen Rosengarten im Stadtteil Au, wo wir uns auch kennengelernt haben. Damals war sie noch nicht blind.

Per Zufall hatte ich beim Bäcker an der Ecke Neles Inserat für Interessenten an einer Malgruppe im Rosengarten gelesen und war neugierig geworden. Den kleinen versteckten Garten kannte ich schon von Spaziergängen und als Leseplätzchen. Aber als idealen Malort habe ich ihn erst durch Nele entdeckt. Hier begriff ich ihre Art, Bilder zu sehen, aufzubauen und zu beschreiben, Farben und Konturen zu erkennen. Immer wieder sagte Nele zu uns: „Schaut doch erst mal hin. Das Sehen ist das Wichtigste beim Malen."

Einmal in der Woche traf sich unsere kleine Gruppe im Rosengarten zum Malen. Wenn das Wetter nicht mitspielte, waren wir in der zum Malatelier umgebauten alten Hofwerkstatt ihres Vaters. Neles Blicke auf die Welt um uns herum – hier im Garten oder dort in der kleinen Werkstatt – wurden für uns alle zu einem Erlebnis. Nele hat in mir eine Tür zum Sehen geöffnet, die vorher verschlossen war. Und auch die wenigen Male, wenn Nele nicht dabei sein konnte und wir uns trotzdem trafen, versuchten wir ihre Sicht auf unsere Bilder zu übertragen: „Nele würde vielleicht erst diese Dreiecksform sehen und erarbeiten, oder? Was meint ihr? Schaut doch nur!"

Ich mochte alle in dieser Malgruppe, aber erst wenn Nele dabei war, waren wir vollständig. Sonst fehlte auch ihr Lachen. Nele hatte eine ungewöhnlich laute und tiefe Stimme. Wenn sie lachte – und das tat sie oft –, hallte es von den Wänden. Ihr fiel immer eine Geschichte ein oder sie hatte ein skurriles Bild im Kopf, das uns zum Lachen brachte.

Ja, so war das damals, als ich mit Neles Hilfe sehen lernte. Damals, als sie noch sehen konnte, bevor ihre Augen unheilbar erkrankten. Erst sah sie noch etwa vierzig Prozent auf einem Auge, aber einen Sommer später waren alle Farben verblasst und sie war vollkommen blind. Ich erfuhr die Schreckensbotschaft von ihrem Vater. Er hatte die Werkstatt im Hof für sie umgebaut, damit sie den kleinen Garten nutzen konnte und die gewohnten Gegenstände um sich hatte.

Ich weiß noch, wie ich das erste Mal nach ihrer Erblindung

zu Nele ging. Wie ein Trottel stand ich mit meinen Blumen in der Tür und sagte auch noch: „Schau mal, ich hab dir Blumen mitgebracht." Im nächsten Moment hätte ich mir am liebsten auf die Zunge gebissen. Wie kann man nur so gedankenlos sein und zu einer Blinden „Schau mal" sagen?

„Oh, ich bin so dumm, Nele!", stammelte ich. „Ich steh hier und weiß einfach nicht, was ich sagen soll. Es tut mir so leid, was mit dir passiert ist. Und jetzt sag ich so dummes Zeug, was ich sonst bestimmt nie sagen würde. Ich hab dir Rosen mitgebracht."

„Rosen sind zickig", meinte sie nur knapp.

„Oh, siehst du … Nein, wie sagt man denn? Jetzt mach ich alles nur noch schlimmer!", schimpfte ich mit mir.

„Na, komm her und lass mich diese zickigen Blumen mal riechen."

Als ich mich über sie beugte, schnupperte sie an meinem Hals. Das kitzelte und gleichzeitig piksten mich die Dornen. Ich musste unwillkürlich lachen. „Aua, die sind wirklich doof, du hast recht. He, du kitzelst mich, Nele."

„Ach komm, jetzt sei du nicht auch noch zickig", sagte sie. „Umarme mich, lass mich dich einfach spüren und riechen, wenn ich dich schon nicht sehen kann." Und da lagen wir uns in den Armen und weinten lauthals miteinander.

„Hm", schnupperte Nele an mir und bohrte ihre Nase in meine Halsfalte.

„He, Nele, hör auf, das kitzelt ja entsetzlich. Ich kann doch jetzt nicht loslachen", versuchte ich die Fassung zu bewahren.

Aber da lachte Nele los. „Warum nicht? Mit mir lachen ist besser als mit mir leiden. Du glaubst nicht, wie ich mich danach sehne! All die Mitleidsmienen um mich herum, dieses In-Watte-Packen! Alle schleichen vorsichtig um mich herum, wollen ja nichts Falsches zu mir sagen … Ich kann das nicht ausstehen! Durch Mitleid wird's auch nicht anders! Ich habe mein Augenlicht verloren, aber die Bilder und Farben sind ja immer noch da. Ich brauche jetzt Augen, die für mich sehen, und Menschen, die mit mir lachen und durchs Leben gehen."

> *„Mit mir lachen ist besser als mit mir leiden."*

So ist Nele. Also hab ich an diesem Tag erst mal mit ihr geweint und dann die Mädels zusammengetrommelt. Seitdem gehe ich immer dienstags mit Nele spazieren. Die anderen haben andere Tage übernommen.

Den Rosengarten sehe ich wirklich am besten mit ihren Augen. Unter uns gesagt: Ich finde ja auch, dass Rosen zickig sind – aber ich kann ihr doch nicht in allem recht geben, bloß weil sie blind ist. Außerdem soll ich mir ja mein eigenes Bild machen, nicht wahr?

Das Geheimnis

Während meines Studiums habe ich bei einer Tageszeitung gejobbt. Als „Freie" konnte man sich natürlich nicht immer die interessanten Themen herauspicken, die waren oft schon vergeben. Ich weiß noch, dass an einem Abend gleich zwei Kleintierzüchter mit ihren Jahressitzungen auf meinem Plan standen. Zurück in der Redaktion, schickte man mich für den nächsten Vormittag zu einer diamantenen Hochzeit.

„Hast du denn nicht mal was Spannendes für mich?", fragte ich unseren Lokalchef genervt.

„Regina", meinte der ironisch, „man merkt, du bist noch nicht verheiratet. Was gibt es Spannenderes als eine Ehe? Und dann noch so viel Jahre gemeinsam auf dem Buckel! Du wirst uns heute Abend noch das Geheimnis einer glücklichen Ehe verraten."

Haha, dachte ich, der ist ja nur froh, dass er den Termin jetzt vergeben konnte. Aber immerhin bringt mir das mit Bild und Zeilenhonorar ein bisschen Kohle ein. Und so fuhr ich zu dem Häuschen des Jubelpaares am Rande der Stadt.

„Kommen Sie nur herein", begrüßte mich eine Nachbarin. „Die beiden erwarten Sie schon." Sie führte mich einen engen Flur entlang, an dessen Ende ein kleines Wohnzimmer lag, das mit Stühlen, Sesseln, Tischchen und einem Krankenbett vollgestopft war.

Eine zierliche kleine Frau mit unzähligen Falten im Gesicht begrüßte mich mit fröhlicher Stimme aus dem Bett heraus:

„Nicht so schüchtern, junge Frau, nur herein! Wann hat man schon mal die Presse im Haus und dann noch als Hauptperson?"

Ich gratulierte ihr und ihrem Mann, der neben ihr auf der Bettkante saß und ihre Hand hielt. Ein rührendes Bild, dachte ich, als ich die beiden so einträchtig nebeneinandersitzen sah, und natürlich fragte ich sie ein wenig nach ihrem Leben.

„Ach, wissen Sie, seit ein paar Wochen wollen meine Beine einfach nicht mehr", meinte sie, „deshalb liege ich jetzt hier so faul im Bett rum und lass mich bedienen."

„Na, jetzt untertreibst du aber wieder, Klara, man musste ja fast schon ein Bettgitter für dich anbringen, damit du mal Ruhe gibst", sagte ihr Mann kopfschüttelnd. „Aber heute soll sie sich mal feiern lassen, schließlich hat sie es so lange mit mir ausgehalten."

„Schauen Sie sich nur um", ermunterte mich die Frau.

Ich schaute mich tatsächlich um und sah ein bescheidenes Häuschen mit abgesessenen Stühlen, verschlissenen Tapeten und zugigen Fenstern.

„Wir zwei sind so reich beschenkt worden vom Leben. Mein Mann hat ja wegen seiner Bandscheiben nicht mehr länger in der Werkstatt stehen können und ich kann auch nicht mehr auf den Wochenmarkt und unsre Hühner und Eier verkaufen. Aber wir brauchen auch nicht viel. Außerdem bringt uns einer der Nachbarn regelmäßig etwas vorbei. Das ist mir manchmal schon peinlich."

„Mensch, Klara, dabei hast du dich früher um uns alle gekümmert! Keine falsche Bescheidenheit!", mahnte ein anderer Gast.

Längst stand ein Teller mit einem Riesenstück Frankfurter Kranz vor mir und ich hatte schon mehrere Male die angebotenen Schnittchen und Getränke ablehnen müssen. Dagegen schaute ich mir gerne einige alte Fotos der beiden an. Ich freute mich über dieses Hochzeitspaar, das vor sechzig Jahren einen Bund fürs Leben geschlossen und diesen anscheinend nicht bereut hatte.

Ich wandte mich an die Jubilare: „Sagen Sie mal, es wird ja momentan so viel über das Glück philosophiert … Verraten Sie mir Ihr Geheimnis?"

Wieder kam ein fröhliches Glucksen aus dem Bett. Die Frau sagte ganz aufrichtig: „Ach, immer dieses Glücksgerede, so ein Quatsch! Nein, im Gegenteil, ich glaube, zu viel Harmonie schadet der Ehe nur. Das ist wie bei diesen Seifenopern im Fernsehen. Wer soll denn das Gesäusel aushalten? Können Sie etwas mit Leuten anfangen, die immer nur einer Meinung sind? Wie langweilig! Es muss auch mal krachen. Das ist wie beim Wetter, nach dem Gewitter ist die Luft immer besonders frisch und rein."

„Ja, ja, da hat sie recht, meine Klara", pflichtete ihr Mann bei. „Das hat mir an ihr immer schon gefallen … geradeheraus und ehrlich. Was haben wir oft diskutiert, das war richtig spannend! Aber sie hat nie versucht, einen anderen Kerl aus mir zu machen. Sie war immer zufrieden mit dem, was wir hatten und was wir sind."

„Ja, das konnte ich doch auch sein, Alfred. Wir haben's doch schön gehabt miteinander. Wenn ich zurückblicke, glaube ich sogar, dass die Harmonie in einer Ehe nicht so wichtig ist wie die Nachsicht. Wir haben beide gelernt, dass man auch ein Auge zudrücken kann und dass man nicht immer alles perfekt haben muss. Mit den Jahren gab es bei uns immer mehr Tage, wo wir beide die Hände in den Schoß legen konnten, ohne dabei ein schlechtes Gefühl zu haben. Das macht das Zusammenleben viel leichter. Deswegen meinte ich auch: Schauen Sie sich ruhig um, junge Frau, wir haben zwar nicht viel, doch wir sind reich beschenkt worden. Wer darf schon sechzig Jahre lang jeden Morgen neben dem geliebten Menschen aufwachen?"

Ich war ganz gerührt und auch ein wenig verlegen, denn meine kritischen Blicke durch das bescheidene Wohnzimmer waren ihr offenbar nicht verborgen geblieben. Aber bevor ich etwas erwidern konnte, fiel dem Jubilar noch etwas ein: „Schauen Sie mal, was für einen schönen Teller mir Klara zum Ehejubiläum geschenkt hat." Mit leicht zitternder Hand nahm er das schöne Stück vom Geschenktisch.

Ich lachte herzhaft über den Satz von Loriot, der daraufstand: „Eine glückliche Ehe ist eine, in der sie ein bisschen blind und er ein bisschen taub ist."

„ Wir sind reich ***beschenkt*** *worden. "*

„Na, wie war die Hochzeit? Dem Geheimnis der glücklichen Beziehung auf die Spur gekommen?", spottete mein Kollege, als ich wieder in die Redaktion kam.

„Frei nach Loriot muss man nur blind und taub sein ... Also steht deinem langen und harmonischen Eheleben wohl nichts im Wege", grinste ich ihn an und wusste, dass er nur Bahnhof verstand und ich mal wieder fürs Leben gelernt hatte.

Wertvolles

Erinnern Sie sich noch an den kleinen Jungen aus dem Vorwort? Genau, der Bub, dem die Mutter auf dem Münchner Jahrmarkt ein Lebkuchenherz um den Hals gehängt hat. Dadurch wurde er für mich als Beobachterin zu etwas Besonderem. Stellen wir uns den Buben mal ein paar Jahre später vor. Vielleicht ist er es ja, der gerade dort mit seiner Mutter am Verwertungscontainer steht und ihr hilft, Flaschen, Metall und Plastik zu entsorgen. In der großen Tüte ist auch eine metallene Pralinendose, für die die Mutter keine Verwendung mehr sieht. Weg damit, eben nur eine alte, wertlose Dose.

„Nein, Mama, die brauche ich noch! So eine schöne Schatzkiste", ruft ihr Sohn entzückt und reißt die silberfarbene, schon leicht verbeulte Dose an sich.

Er wird diese Dose in der nächsten Zeit hüten, ihr einen besonderen Platz in seinem Zimmer geben. Mal ist sie Schatzkiste, mal sammelt er Murmeln, kleine Geschenke, Zettel oder Steine darin. Er ist glücklich über diese Box. Besonders in den ersten Tagen schaut er aufgeregt alle fünf Minuten nach, ob noch alles vorhanden ist. Immer wieder sortiert er um, legt etwas hinein, holt etwas heraus. Kleine Zettel, Sticker, Wäscheklammern, alles landet in der wertvollen Kiste. Schön, dass seine Mutter nicht wertet, nicht sagt: „Das ist Abfall, was willst du denn mit dem wertlosen Kram?" Wie viel wir doch achtlos wegwerfen … nicht nur Dinge!

Leider gehen wir auch mit Menschen manchmal so um.

Wenn jemand rein äußerlich nicht unseren hohen Maßstäben entspricht, weil er in übertragenem Sinne verbeult, verrostet, angeschlagen ist, dann urteilen wir schnell: Auf den können wir verzichten, der ist anders, der ist wertlos! Was macht uns denn in unseren eigenen Augen wertvoll? Unsere Messlatte ist da manchmal mächtig hoch gelegt. Nicht nur was andere, sondern auch was uns selbst betrifft.

Da ist die alte Dame, der beim Beladen ihrer schweren Einkaufstasche alles aus der Hand rutscht. Ich will ihr helfen und sie schimpft sich selbst aus: „Ach, ich bin so ungeschickt, ich taug doch zu gar nichts mehr, bin nur noch alt und wertlos. Jetzt halte ich wieder alle anderen auf."

Ich kann sie gar nicht beruhigen und komme mit meinen Worten des Trostes kaum an sie heran. Richtig traurig macht mich das, wie schnell und wegen welcher Kleinigkeiten sie sich so im Wert herabsetzt. Und wenn ich ehrlich bin, tue ich oft dasselbe mit mir und anderen.

Nur ein paar Tage später bin ich mit meiner Freundin Martina in unserer Malgruppe im Seniorenwohnheim. Während wir unsere Malutensilien in den Therapieraum tragen, sehe ich im Eingangsbereich einen alten weißhaarigen Herrn, der im Rollstuhl sitzt. Er schaut nur kurz auf, dann öffnet er eine ramponierte Dose, die er auf seinem Schoß hält. Immer wieder schaut er oder greift hinein, legt etwas für mich Unsichtbares dazu. Er wirkt überhaupt nicht apathisch oder gelangweilt wie viele um ihn herum, sondern scheint völlig in seinem Tun aufzugehen.

Merken Sie etwas? Da ist er wieder: jener kleine Junge mit seiner verbeulten silbernen Dose vom Anfang unserer Geschichte. Vielleicht nicht derselbe, aber so könnte er Jahrzehnte später aussehen. „Nie war er so wertvoll wie heute." Der bekannte Werbespruch aus dem allabendlichen Medikamentenmarathon im Fernsehen kommt mir in den Sinn, als ich diesen Mann betrachte.

Verlassen wir den kleinen Jungen, die ältere Dame aus dem Supermarkt, den Mann aus dem Seniorenwohnheim, all diese Menschen mit ihren eigenen Geschichten und Facetten. Nie waren sie so wertvoll wie heute. Und sagen wir es auch zu uns selbst: Ja, es stimmt: Nie war ich so wertvoll wie heute.

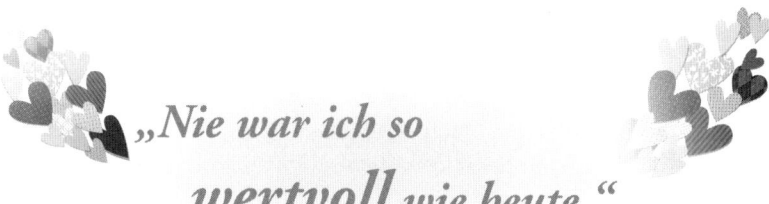

„Nie war ich so wertvoll wie heute."

Bereits von Regina Rosenkranz erschienen

Mensch, dich schickt
der Himmel

Begegnungen mit Engeln des Alltags

80 Seiten, Taschenbuch
ISBN 978-3-7655-4117-9

Engel des Alltags? Das können ganz normale Menschen sein, die einem im rechten Moment der Himmel schickt. Sie begegnen uns vielleicht nur flüchtig auf dem Bahnsteig, in der Telefonhotline oder im Krankenhausflur. Mit einem verständnisvollen Augenzwinkern, einer aufmunternden Bemerkung oder einem praktischen Tipp.

Regina Rosenkranz plaudert in diesem Buch von Männern und Frauen, die ihr auf vielerlei Weise hilfreich begegnet sind. Keiner von ihnen würde sich vermutlich als „Engel" fühlen. Aber sie alle waren im richtigen Moment zur Stelle, als sie gebraucht wurden: Mensch, dich schickt der Himmel!

BRUNNEN VERLAG GIESSEN
www.brunnen-verlag.de

Cornelia Haverkamp (Hrsg.)

Spuren im Sand –
Spuren in meinem Leben

Persönliche Erfahrungen

96 Seiten, gebunden
ISBN 978-3-7655-0906-3

Seit 50 Jahren gibt es das beliebte Gedicht *„Spuren im Sand".*
Vor allem der Schlusssatz hat unzählige Menschen getröstet:
„Wo du nur eine Spur gesehen hast, da habe ich dich getragen."
In diesem Buch verraten Frauen und Männer, warum ihnen
„Spuren im Sand" viel bedeutet. Sie schreiben von Zeiten, in
denen sie sich rückblickend von Gott getragen und geleitet
wussten. Und sie erzählen, wie sie Gottes Spuren im eigenen
Leben neu fanden.

Mit Beiträgen von oder über:
Mareike Brombacher, Eleonore Dehnerdt, Rainer Eppelmann,
Caritas Führer, Bear Grylls, Sven Fischer, Ralf Lehr, Bettina
Poock, Bodo Riedel, Regina Rosenkranz, Christian Schneider,
Lothar v. Seltmann, Ralf Simon, Annekatrin Warnke, Kerstin
Wendel

BRUNNEN VERLAG GIESSEN
www.brunnen-verlag.de